AF340048

SÉMINAIRE
DES
MISSIONS-ÉTRANGÈRES
128, rue du Bac, Paris

COMPTE RENDU
ANNUEL
—
1872

A Nosseigneurs les Vicaires apostoliques
Et à Messieurs les Missionnaires
De la Société des Missions-Étrangères

Paris, le 21 juin 1872.

NOSSEIGNEURS ET MESSIEURS,

Les deux années 1870 et 1871, qui se sont écoulées, depuis l'époque, où nous vous adressions notre dernier compte rendu général, seront tristement célèbres dans les annales de notre pauvre France. Nos cœurs profondément affligés par de si tristes souvenirs, n'éprouvent aucune peine, à s'en détourner, et à se reporter auprès de vous, dans ces contrées de l'extrême Orient, où, pendant nos désastres, se continuait, par vos soins, l'œuvre de Dieu dans la conversion des pauvres infidèles.

Quelque éloignés, Nosseigneurs et Messieurs, que vous fussiez de nous, à cette douloureuse époque, vous souffriez de nos douleurs, et vous partagiez nos inquiétudes.

De notre côté, nous nous demandions, si les événements que nous voyions s'accomplir ici, n'entraîneraient pas, pour vous, un contre-coup violent, capable de compromettre, sur plusieurs points, la pros-périté de vos chères missions, et peut-être même leur existence. Le tableau, que nous vous présentons, montre cependant, que, ni tout le mal que l'on pouvait craindre, par suite de nos catastrophes européennes, ni tout le bien que l'on aurait pu espérer, en des circonstances normales, ne se sont réalisés. La grande préoccupation a été, presque partout, de veiller avec une sage prudence, aux éventualités de l'avenir, tout en conservant aux missions le plus de vitalité possible.

C'est un difficile problème, sans doute, que celui d'entretenir des œuvres et des établissements aussi nombreux et aussi considérables, malgré la diminution qui s'est fait sentir dans nos ressources. Mais, il ne faut pas oublier, que la solution de ce problème appartient beaucoup plus à la divine Providence, qu'aux missionnaires eux-mêmes, qui ne sont que ses instruments. Il ne faut pas oublier davantage, que notre Société, et les Missions qui lui sont confiées ont vu de plus grands orages. La protection, qui les a si bien soutenues jusqu'ici, s'est montrée, en cette dernière épreuve, plus prévoyante, et plus paternelle que jamais. Vous avez uni bien certainement, Nosseigneurs et Messieurs, vos actions de grâces aux nôtres, pour en remercier le Seigneur ; et le souvenir de ce nouveau bienfait demeurera parmi nous, comme un encouragement à multiplier nos efforts communs, et à redoubler de zèle, dans l'œuvre que nous poursuivons. C'est dans ce but aussi, que nous allons placer sous vos yeux, suivant l'usage, les chiffres et les tableaux partiels d'administration des différents vicariats qui composent la Société.

Mission de Pondichéry.

Le règne de Dieu continue à s'étendre, dans ce vicariat, d'une manière lente, il est vrai, mais visible et toujours croissante. Dans l'exercice de 1869-1870, dont nous devons parler d'abord, 867 païens embrassant la vraie foi, et 127 protestants abjurant l'erreur, ont été le fruit des prédications, et sont venus réjouir le cœur de nos confrères, au milieu de leurs fatigues et de leurs épreuves.

A *Nangalloor* surtout, le mouvement des conversions a été remarquable. Là, plus de trois cents baptêmes de païens, ont été conférés, malgré les obstacles, et les difficultés sans nombre que la parole de Dieu y rencontrait.

Sur d'autres points, la famine devint un moyen de salut, pour un grand nombres d'âmes. M. Dupuis, provicaire de la mission, raconte avec intérêt, dans un rapport qu'il a adressé aux conseils centraux de la Propagation de la Foi, les résultats de cette austère prédication, dont la divine Providence s'est chargée, et dont nos confrères ont surtout recueilli les fruits, dans le district de *Paléam*.

Nous devons mentionner aussi, à *Coviloor Darmaboury*, la formation d'un nouveau village chrétien, où, quelques familles asservies jusqu'alors, constituent maintenant un centre de chrétiens, qui promet de s'accroître encore dans l'avenir.

Quant à leurs établissements, nos confrères, à l'aide de quelques économies péniblement réalisées, avaient pu durant les derniers exercices, relever quelques églises qui tombaient en ruines, en construire même quelques autres dans les centres où elles étaient devenues nécessaires. Mais, en 1869-1870, les ressources faisant défaut, les travaux sur plusieurs points avaient dû être suspendus ; et la bâtisse de quelques nouvelles églises, pourtant bien nécessaires, ne pouvait être entreprise. Il fallait pourvoir, avant tout, aux nécessités les plus urgentes, à l'établissement d'écoles que de tous côtés on réclame, à l'accroissement du nombre des catéchistes, à l'instruction des païens qui demandent à se convertir, toutes œuvres de première nécessité, et qui absorbent bien vite la part disponible de l'allocation annuelle.

Pendant l'exercice suivant, c'est-à-dire celui de 1870-1871, une diminution notable s'est fait sentir, dans le chiffre des conversions de païens, qui n'a été que de 392. « Cette diminution, nous écrit « Mgr Laouënan, doit être attribuée, en grande partie, à la diminution « même des ressources de la mission, et aux justes appréhensions « que faisait concevoir l'avenir. »

Et Sa Grandeur ajoute : « De tous les retranchements, que nous « avons dû opérer et que nos chers confrères ont acceptés, avec une « promptitude, et une bonne volonté admirable, celui-ci a été le plus « pénible à nos cœurs. Il nous était dur, de repousser les païens, qui « demandaient le baptême, parce que nous n'avions plus de quoi les « nourrir, pendant le temps du catéchuménat ; mais il nous semblait, « qu'il fallait ménager nos ressources, pour le cas, où les aumônes « de la Propagation de la Foi viendraient à nous manquer, ou se « trouveraient insuffisantes à notre propre entretien et aux œuvres « essentielles de la Mission. »

La seconde partie du rapport qui nous est envoyé par Mgr Laouënan, constate les affreux ravages, causés, par un cyclone, dans la nuit du 6 au 7 novembre dernier. Sur le seul territoire de *Karikal*, on estime, à 3,000, le nombre des maisons renversées par l'ouragan. En maints endroits, les chapelles, les églises, les presbytères, les maisons d'école ont été gravement endommagés. Puis, les débordements et les inondations ont achevé, sur plusieurs points, l'œuvre de destruction commencée par la tempête. C'est là, une source nouvelle de dépenses urgentes, pour la mission de Pondichéry, en un temps, où elle vise à la plus stricte économie.

Les catalogues de l'administration donnent les résultats suivants :

	Exercice 1869-1870.	1870-1871.
Baptêmes de païens	867	393
Conversions de protestants	127	»
Baptêmes d'enfants de païens	2,008	»
Baptêmes d'enfants de chrétiens	4.383	4.477
Confessions	101.160	95.595
Communions	102.611	108.929
Confirmations	5.061	2.110
Mariages	1.426	1.335
Saints viatiques	360	318
Extrêmes-onctions	990	1.170

La mission de Pondichéry comptait, dans son personnel, au commencement de cette année : 1 évêque, 58 missionnaires européens et 22 prêtres indigènes. Après les regrets, que lui ont causés les pertes si sensibles de MM. Drouillard et Lehodey, morts, le premier, après 7 ans de mission, le second, après 37 années d'un ministère laborieux et fécond, elle a eu la consolation de recevoir de France cinq nouveaux ouvriers apostoliques, qui sont allés prendre les places, et continuer les travaux de ceux que le Seigneur a daigné appeler à lui.

Mission du Mayssour.

Nos confrères du Mayssour ont été, dans le courant de l'année 1870, les heureux témoins d'une fête de famille, aussi touchante que rare, et dont M. Jarrige, provicaire de la Mission, a été l'objet privilégié. Il s'agissait de célébrer avec lui le cinquantième anniversaire de son ordination sacerdotale et de son départ pour les missions. Il est juste que nous donnions, dans notre compte rendu, un souvenir spécial à cette pieuse cérémonie, en mentionnant les lettres de félicitation, que M. Jarrige a reçues des évêques de la Société réunis à Rome, et la bénédiction spéciale, que le Souverain Pontife a daigné lui envoyer, en cette circonstance.

Nous savons, par la correspondance de M. Chevalier, chargé en 1870 de la rédaction du compte rendu annuel de cette mission, que les divers établissements du Mayssour étaient en bonne voie de prospérité.

Entre tous ces établissements, il nous signale l'hôpital de *Satti-holly* que dirige M. Desaint, et qui produit, de jour en jour, dans toute la contrée, des fruits abondants de salut. Un grand nombre de malades, autrefois abandonnés, y sont actuellement recueillis, et y trouvent, avec la santé du corps, celle de l'âme bien plus précieuse que la première. Le gouvernement anglais entoure cet établissement de sa sympathie, et ce sentiment est universellement partagé, nous écrit-on, par les résidents européens.

L'imprimerie de la mission édite en *canara*, en *anglais* et en *télé-gou*, plusieurs ouvrages très-utiles, et qui produisent un grand bien, parmi les chrétiens de plusieurs vicariats.

L'œuvre des orphelinats elle aussi, prospère. Récemment, venait d'être faite encore, l'acquisition d'un vaste terrain, à 15 milles de Bangalore, pour y établir quelques familles de nouveaux chrétiens, et y fonder un nouvel orphelinat.

Ces œuvres grèvent assez lourdement le budget de la mission, dont la situation financière retardera bien des travaux, que l'on signale comme nécessaires et urgents : tels que plusieurs presbytères, quatre églises qui réclament des réparations, trois nouvelles églises à bâtir, quelques chapelles devenues de première nécessité dans certains centres qui en sont dépourvus; enfin, deux établissements, dont un orphelinat à *Blachpalley*, et un catéchisat à *Satiholly*, tous deux décidés en principe, mais que les ressources actuelles de la mission ne permettent pas d'entreprendre. « La grande raison de cette « pénurie, nous dit M. Chevalier, est que tout a renchéri d'une ma- « nière prodigieuse. Les denrées sont d'un prix fort élevé, et les ser- « viteurs se paient plus du double qu'anciennement. C'est là, pour « les missionnaires, et pour la mission, une augmentation considéra- « ble de dépenses. »

Loin de s'amoindrir, durant l'exercice suivant 1870-1871, cette grande préoccupation n'a fait que s'accroître, comme l'indique une lettre récente de Mgr Charbonnaux : « Ce vicariat étant nouveau, dit « Sa Grandeur, n'a pu, ni trouver d'anciennes fondations, ni en ac- « quérir. depuis son établissement. Les allocations précédentes ont « été dépensées à construire près de 49 églises et presbytères, et à « les entretenir. Nos économies, par conséquent, n'ont pu être « grandes. Ce ne sera qu'en diminuant les viatiques, depuis celui de « l'évêque jusqu'à celui du dernier catéchiste, et du dernier maître « d'école, que nous pourrons faire face aux éventualités de l'ave- « nir. »

Toutefois, les tableaux d'administration des sacrements, au Mays- sour, prouvent que nos confrères savent, avec l'aide de Dieu, faire fructifier le peu qu'ils ont.

	Exercice 1869-1870.	1870-1871.
Baptêmes d'adultes	376	313
— d'enfants	125	825
Protestants réconciliés	34	39
Confessions		10.827
Communions pascales	10.737	8.990
Extrêmes-onctions		317
Saints viatiques		147

Le personnel de la mission compte 1 évêque, 20 missionnaires européens, et 6 prêtres indigènes. Le séminaire a 22 élèves indigènes, dont l'obéissance et le bon esprit font présager à nos confrères du Mayssour qu'ils trouveront bientôt en eux de zélés et utiles auxiliaires. Mentionnons en outre 18 écoles, 2 orphelinats de garçons, 1 école de filles européennes, 3 écoles de filles indigènes, 3 couvents et une maison de frères instituteurs. Si la mission a eu la douleur de perdre, après un ministère bien court, MM. Guillon et Daviau, elle a vu s'accroître son personnel de trois nouveaux ouvriers apostoliques, depuis l'envoi de notre dernier compte rendu.

Mission du Coïmbatour.

L'état de souffrance passagère, dans lequel se trouvent les finances de la mission du Coïmbatour, ne lui a point permis encore d'entreprendre toutes les œuvres qui seraient nécessaires. Tout ce qu'elle peut faire est d'entretenir les établissements existants, et d'attendre, qu'une situation plus prospère lui permette de faire davantage.

Une lettre de M. Berthon donne d'intéressants détails, sur un orphelinat fondé au commencement de 1867, au grand *Pallum*, dans la vallée profonde du *Cavery*. L'entreprise de cette fondation était difficile. Plusieurs colons, qui, à différentes reprises, tentèrent de s'y établir avaient dû bientôt abandonner cette terre fertile mais inhospitalière. Ce que les colons ne purent faire, un missionnaire l'accomplit heureusement. Sous sa direction, une caravane composée d'une quinzaine de personnes, dont huit enfants, s'établit dans un endroit de la forêt qui parut favorable. Les premiers abatis et les premiers travaux de nivellement accomplis, la petite colonie s'abrita sous un vaste toit de feuillage, et se mit à défricher, et à ensemencer, tout autour, un assez vaste terrain. Les épreuves ne manquèrent pas au nouvel établissement. Il connut, tour à tour, celle d'une fièvre maligne qui attaqua, presque en même temps, tout son personnel, celle des visites du tigre, et celle de l'incendie qui consuma ses premières constructions. Malgré tout, l'œuvre prospéra : et, bien que notre confrère, et ses travailleurs, n'aient encore pour résidence, qu'une longue cabane humide, malsaine, peu solide, et couverte seulement d'herbes sèches, leurs regards se reposent, tout autour de leur habitation, sur un vaste emplacement de terres défrichées qui déjà ont produit une abondante récolte.

Le Seigneur bénira, nous en avons l'espoir, cette courageuse entreprise, et lui donnera de prospérer, comme tant d'autres établissements dont l'origine fut aussi éprouvée, et dont les résultats sont immenses aujourd'hui.

En nous transmettant le compte rendu de son administration, pour l'exercice 1870-1871, Mgr Dépommier nous fait remarquer, non sans quelque affliction, que le nombre des baptêmes d'adultes a sensiblement diminué. Les raisons qu'en donne Sa Grandeur, sont que les secours, précédemment accordés à cette œuvre, ont dû être retranchés, et que le supplément, alloué depuis une dizaine d'années aux missionnaires, en sus de leur viatique, pour seconder les conversions, a été supprimé. Toutefois, Mgr Dépommier espère, que le zèle et les efforts des missionnaires grandiront devant les obstacles; et que, malgré la diminution des ressources, il pourra présenter, l'année prochaine, un chiffre de baptêmes d'adultes supérieur à celui de cette année.

Les tableaux d'administration de la mission du Coïmbatour mentionnent les chiffres suivants :

	Exercice 1869-1870.	Exercice 1870-1871.
Baptêmes de païens.	396	420
Conversions de protestants.	23	6
Baptêmes d'enfants, *in articulo mortis.*	362	»
Baptêmes d'enf. de chrétiens.	803	857
Confessions.	15,411	15,828
Communions	16,011	15,021
Premières communions. . .	386	528
Confirmations.	32	616
Mariages	251	927
Saints viatiques.	112	110
Extrêmes-onctions	211	203

Le personnel de la mission compte 1 évêque, 18 missionnaires européens, 4 prêtres indigènes.

Missions de Birmanie.

Bien que l'ancienne mission de Birmanie ait été divisée, en 1870, par le Saint-Siége, en trois vicariats qui portent aujourd'hui les noms de Birmanie méridionale, Birmanie septentrionale et Birmanie orientale, les deux premiers demeurant confiés à notre Société, le troisième étant remis à la Congrégation des missions étrangères de Milan, nous continuons à réunir, sous le même paragraphe, les détails qui concernent nos deux vicariats de Birmanie, en attendant que la séparation complète soit effectuée.

Le peuple birman paraît donner, sous le rapport de conversions prochaines, d'assez grandes espérances. Des hommes influents sont même venus de plusieurs localités demander des missionnaires, promettant de s'instruire des vérités de la religion. C'est surtout, dans le *Pégu* que ce mouvement se manifeste et persévère malgré la famine qu'a produite l'absence presque complète de récoltes. depuis deux ans, et malgré les tremblements de terre qui sont venus accroître encore la détresse générale. Une moisson de 352 nouveaux convertls, durant l'année 1870, progrès relativement considérable, confirme ces résultats.

Les écoles de la mission se trouvent dans un état prospère. L'institution des sœurs de *saint Joseph de l'apparition* donne, entre toutes, les résultats les plus satisfaisants, et recueille autant d'orphelines que le lui permettent ses faibles ressources.

Le séminaire continue à produire d'heureux fruits. Mgr Bigandet les énumère dans les lignes suivantes : « J'ai eu le bonheur de conférer « les ordres mineurs à trois jeunes clercs indigènes, et le diaconat à « l'un de nos sous-diacres. Je mentionne ces ordinations avec un « vif plaisir, parce que je tiens surtout à la formation d'un clergé in- « digène. Parmi les 21 ouvriers apostoliques qui travaillent dans ce « vicariat, je compte trois prêtres du pays, ordonnés depuis quel- « ques années, et qui n'ont cessé par leur zèle, de se montrer dignes « de leur sublime vocation. »

L'imprimerie de la mission fonctionne avec une grande activité, et augmente toujours le nombre des ouvrages qu'elle édite en langue birmane. Ces ouvrages seront bientôt en quantité suffisante pour suffire à l'usage de tous les chrétiens. L'établissement de cette impri- merie a été pour la mission une source de grandes dépenses ; mais les résultats de cette œuvre de première importance compensent déjà très-amplement, par les fruits excellents qu'elle produit, les sacrifices assez considérables qu'elle a exigés dans le principe.

Durant l'année 1871, Mgr Bigandet a pu mettre enfin à exécution un projet, que, depuis longtemps, il avait fort à cœur : celui de fonder une mission régulière parmi les Indiens émigrés de la côte de Coro- mandel. *Rangoon* possède en ce moment une énorme population In- dienne. Ces gens s'y rendent pour gagner de l'argent, soit comme serviteurs des particuliers, ou du gouvernement, soit comme ouvriers pour travailler la terre. Parmi ces Indiens, se trouvent plus de mille chrétiens, dans la seule ville de *Rangoon*. Beaucoup d'entre eux amè- nent leurs femmes avec eux et ne songent plus à retourner dans leur pays. Mgr Bigandet a donc désigné un missionnaire spécial, pour s'occuper exclusivement de cette intéressante population. Deux écoles sont déjà ouvertes pour les enfants, ainsi qu'une chapelle où tous se rassemblent, pour les prières et les offices. Cette nouvelle mission promet beaucoup pour l'avenir. Dans le cours de l'année 1871, plus de vingt-cinq adultes païens y ont été baptisés. La distance qui sé- pare les lieux où vivent ces pauvres gens a rendu nécessaire l'adjonction de deux catéchistes au missionnaire qui en est chargé. Aussi, le bien qui s'opère parmi eux est-il des plus consolants. « Cette année, « écrit Mgr Bigandet, à la fin de 1871, le nombre des baptêmes « d'adultes n'est pas très-considérable. Néanmoins, les chrétiens « augmentent d'une manière fort sensible. Quand je suis arrivé dans « ce pays, la mission ne comptait guère que quatre mille chrétiens. « Aujourd'hui, le nombre s'en élève à plus de 9,300, sans compter de « 600 à 700 soldats européens ou indigènes catholiques. » Nous citerons encore les lignes suivantes qui donnent une idée très-exacte du mode d'évangélisation le plus favorable dans ce pays. « Pour étendre « efficacement le royaume de Dieu, dans ces pays, il faut un nom- « breux personnel de missionnaires. Partout où un prêtre s'établit, « il est sûr, avec un peu de temps et de persévérance, de se voir « bientôt environné d'une chrétienté nombreuse. On ne peut faire « que peu de chose par le moyen des catéchistes seuls, au milieu « d'un groupe de païens. Ces gens veulent un prêtre qui aille se « fixer au milieu d'eux, qui les instruise, et dont ils deviennent les « disciples. Mais, où trouver des missionnaires en assez grand « nombre, pour occuper toutes ces localités? Il est difficile de raisonner « sur ce point, avec eux, et de les convaincre. Ils voient, dans chaque « village le moine boudhiste, dont la maison est le rendez-vous des en- « fants pour l'école, et de leurs parents pour la conversation. Ils veu- « lent, de leur côté, avoir le prêtre au milieu d'eux, pour leur prêter « aide et assistance dans leurs affaires, aussi bien que pour en re « cevoir l'instruction religieuse. »

Les comptes rendus de l'administration mentionnent les chiffres suivants :

	Exercice de 1870.		Exercice de 1871.
Baptêmes d'adultes . . .	352	Baptêmes d'adultes . . .	212
Communions annuelles.	3.600	Communions annuelles.	4.000

La mission de Birmanie compte actuellement 9,350 fidèles, parmi lesquels 680 soldats européens ou cipayes. Elle possède 40 églises ou chapelles, dont cinq ont été récemment élevées. Le personnel de la mission compte : 1 évêque, 15 missionnaires français, 3 missionnaires italiens oblats, 1 frère italien oblat, 1 prêtre italien séculier, 1 prêtre de la Propagande, 3 prêtres indigènes et 4 clercs. Cruellement éprou-vée par la mort de M. Reuter qui est allé recevoir au ciel la récompense de ses 36 ans d'apostolat, et par la perte de M. Navech, mort courageusement dans l'exercice de la charité, tandis qu'il soignait ses chrétiens atteints du choléra, la mission de Birmanie a reçu deux nouveaux confrères partis de France depuis notre dernier compte rendu.

Mission de Malaisie.

Peu de temps avant sa mort, Mgr Boucho nous écrivait qu'il avait eu la consolation de donner, soit à Syncapore, soit dans les environs, de nombreuses confirmations, et qu'il y avait été partout, témoin de la piété et des bonnes dispositions des chrétiens des différents districts, qu'il avait pu visiter. « Les écoles des frères et des sœurs, écrivait Sa Grandeur, font un bien immense. La bonne mère des sœurs « reçoit tous ceux qui se présentent à elle ; aveugles, boiteux, para- « lytiques, malades de tous genres sont les bienvenus chez elle. « C'est ainsi que plus de 200 personnes y trouvent la vie du corps et « celle de l'âme. Plus de 60 païennes abandonnées ont été ainsi ré- « générées, dans les eaux saintes du baptême, et parmi ces dernières « une vingtaine ont été mariées à d'honnêtes Chinois chrétiens. « D'autres se préparent au baptême, puis au mariage, et ainsi se « multiplient les familles de nouveaux chrétiens... » Dans les montagnes, M. Desbons qui occupe un poste avancé au milieu des forêts de *Marta Pinda* a découvert une tribu de *Mantras*, dont les hommes sont forts et travailleurs, et dont les dispositions à embrasser la foi l'ont doucement consolé de ses fatigues. Dix d'entre eux avaient pu déjà être baptisés au moment où ces nouvelles nous étaient transmises. Ce noyau de nouveaux chrétiens a dû s'accroître depuis, comme l'on en avait l'espoir, d'après la bonne volonté de ces indigènes à envoyer leurs enfants dans les écoles. C'est là, sans contredit, ce qui peut assurer aux progrès de notre sainte religion les meilleures garanties.

Depuis la réception des détails qui précèdent, le Seigneur a rappelé à lui Mgr Boucho, le vénéré vicaire apostolique de la Malaisie qu'il administrait depuis vingt-six ans, et à laquelle il a consacré les quarante-sept ans de sa vie de missionnaire. Pour lui succéder, le Saint-Siège a désigné, avec le titre d'évêque de Coryce, M. Leturdu, qui depuis plus de vingt ans travaille dans la même mission.

Le changement que la mort du vicaire apostolique, et la nomination du nouvel évêque ont produit dans l'administration de la Malaisie, est sans doute la cause pour laquelle nous n'avons pas encore reçu le compte rendu de 1871 : nous devons donc nous borner à mentionner ici les chiffres de l'administration pour l'exercice 1869-1870.

Adultes baptisés.	368
Confirmations.	233
Communions pascales.	4.551
Conversions d'hérétiques	6
Baptêmes d'enfants païens	62

Le personnel de la mission se compose de 1 évêque et 14 missionnaires européens.

Mission de Siam.

Cette mission, dont nous annoncions en 1869 les grandes espérances, est entrée peu après, et contre toute prévision, dans une ère de crise et de souffrance. Le nouveau roi étant fort jeune, le pays est gouverné par un mandarin très-hostile à notre sainte religion. A l'extérieur, sans doute, règne une sorte de liberté; mais, en dessous, la persécution guide les actes du pouvoir et s'acharne à détruire les germes de conversions naissantes. On menace les chrétiens, et tous ceux qui manifestent le désir de le devenir; on donne libre carrière aux ennemis des chrétiens, qui, une fois sûrs de l'impunité, attaquent, pillent, dévalisent les maisons des chrétiens, et vont même jusqu'à battre ces derniers quelquefois. Les réclamations des opprimés obtiennent rarement justice, bien qu'assez ordinairement les juges la leur promettent. Ce genre de persécutions et de vexations, exercées contre la fortune des chrétiens, et contre la foi des néophytes, a produit, durant quelque temps, les plus désastreux résultats. De là une grande misère et beaucoup de dépenses que les ressources de la mission sont quelquefois impuissantes à combler. Bien loin donc de réaliser les projets d agrandissement qu'elle avait formés, pour un avenir prochain, elle en était réduite, en 1870, à combiner tous ses efforts et toutes ses ressources pour soutenir ce qui existe.

D'après des communications plus récentes que nous a faites

Mgr Dupond, il paraît que la paix et le calme commencent à renaître. Toutefois, le malaise que nous avons signalé, a suffi pour intimider les païens qui n'ont osé se rendre auprès des missionnaires, pour se faire instruire. La moisson de nouveaux convertis a été, pour ce motif, assez peu abondante. Mais, Mgr Dupond ne désespère pas d'obtenir, l'année prochaine, quelques succès de ce côté.

Les provinces laossiennes, nouvellement confiées au vicaire apostolique de Siam, font en ce moment l'objet de ses incessantes préoccupations. Les tribus qui habitent ces contrées paraissent, suivant toutes les prévisions, offrir quelques espérances de conversions. M. Schmitt, missionnaire de Siam, et revenu en France pour cause de santé en 1870, a voulu prendre, à son retour en Orient, la route du Laos. Son voyage a parfaitement réussi. Ses impressions sur l'état des populations qu'il a visitées, entre la Birmanie et Siam, ont été très-favorables ; et les indications précises et nombreuses qu'il a recueillies, sur sa route, seront fort précieuses au moment où l'entreprise d'une mission dans les tribus laossiennes sera possible.

Voici les tableaux d'administration de la mission de Siam :

	Exercice 1869-1870.	Exercice 1870-1871.
Baptêmes de païens	351	292
» d'enfants de chrétiens.	452	316
Confirmations	88	264
Confessions	45.400	9.377
Communions.	44.172	»
Mariages.	85	85
Saints viatiques	98	92
Extrêmes-onctions.	103	101

La mission a comme personnel : 1 évêque, 20 missionnaires européens, 8 prêtres indigènes. Elle compte en outre parmi ses établissements 16 écoles et 4 orphelinats.

Mission du Camboge.

Par un bref en date du 22 juillet 1870, le Saint-Siège a distrait, de la mission de Cochinchine occidentale, les deux provinces de *Châu Doc* et de *Hà Tien*, pour les annexer au Camboge. Cet accroissement a donné à cette dernière mission plus de vie qu'auparavant, et si les travaux des missionnaires qui y travaillent n'offrent point encore de grands succès, ils sont loin d'être infructueux. Collége, églises, presbytères, maisons d'école, tout est à créer dans les provinces annexées. Nos confrères ont commencé par ce qui faisait le plus défaut, et malgré leur pénurie, ils ont entrepris la construction d'un collége, qui puisse contenir de 25 à 30 élèves. Après le collége, viendront les constructions d'églises et de presbytères. Il faudra aussi installer un orphelinat, dont l'absence se fait vivement sentir. « Cette bonne œuvre, « écrit M. Aussoleil, supérieur de la mission, sourit à tous les con- « frères qui la regardent comme une des plus importantes et des « plus dignes de leur zèle. Des enfants élevés dans l'amour et la « crainte de Dieu, formés dès le plus bas âge à la pratique des vertus « qui font les bons chrétiens, c'est là incontestablement un des plus « grands biens que nous puissions faire ici. C'est, de plus, une res- « source, un élément précieux pour le recrutement du collége et du « séminaire. Ceux qui n'auront point de vocation pour le sacerdoce « rendront toujours d'utiles services à la mission, les uns, en rem- « plissant les fonctions de catéchistes ou de maîtres d'école, les autres, « en devenant de bons pères de famille, et en édifiant leurs frères par « l'exemple d'une vie pure et irréprochable. »

L'année 1871 s'est écoulée, pour les deux provinces annexées, dans le plus grand calme, et la plus parfaite tranquillité. Les annamites commencent à comprendre qu'en se révoltant contre les français, ils ont tout à perdre et rien à gagner : et ils se disent qu'après tout, ils ne sont pas plus malheureux, ni plus maltraités, que sous le gouvernement de Hué.

Quant aux nouvelles des chrétientés cambogiennes proprement dites, nous devons remonter à des lettres, un peu antérieures, pour en donner quelques détails intéressants.

Mot-Casar, chrétienté cambogienne fondée en 1862 et détruite trois ans après, par les rebelles, a été rétablie; mais des 320 chrétiens qui la composaient, il ne reste plus que 150 fidèles.

L'ancienne chrétienté de *Pinhalu* a été rétablie à *Phenompenh*, sur un terrain donné par le roi à la mission. *Phenompenh* compte trois chrétientés, dont une de Cambogiens, et deux d'annamites. Le nombre des chrétiens y est de 2,400.

Ba-nam, depuis le rétablissement de la paix, a reconquis tout le terrain perdu, et a réparé à peu près toutes les pertes que lui avait causées la dernière guerre. Cette chrétienté, située sur un terrain très-vaste et d'excellente qualité, prospère et s'augmente, de jour en jour, grâce à l'intelligente direction de M. Cordier. Depuis 1869, elle est en possession d'une assez belle église. Il ne lui manque plus qu'un presbytère.

En résumé, tout est calme au Camboge, et l'état des esprits semble bien préparé pour recevoir la semence de la parole de Dieu, si violemment contrariée, il y a quelque temps, par les guerres, les pillages, et les bouleversements de tout genre.

Administration du Camboge en 1871.

Baptêmes d'adultes	208
» d'enfants de païens . . .	630
» » » chrétiens .	369
Confessions	7.339
Communions	5.113
Saints viatiques.	55
Extrêmes-onctions	63
Mariages bénits	138

Le nombre des chrétiens dans cette mission s'élève à 6,784. Le personnel compte 1 supérieur et 9 missionnaires européens.

Mission de la Cochinchine occidentale.

Aucun événement important ne nous a été signalé, dans cette mission, pendant l'exercice 1869-1870. La rébellion, à ce moment, semblait avoir dit son dernier mot, et les travaux de nos confrères s'accomplissaient en pleine paix. Toutefois, s'ils étaient délivrés de la persécution et des rebelles, d'autres épreuves sont venues ralentir les progrès de leurs œuvres et le succès de leur ministère.

Les rigueurs du climat de Cochinchine avaient fait depuis peu subir à la mission des pertes bien regrettables : celles de MM. Galy, Marc et Gentillon, dont le souvenir est si vivant encore dans le cœur de tous nos confrères. Parmi les ouvriers qui restaient, plusieurs étaient momentanément incapables de tout travail actif et fatigant.

Toutefois, le chiffre des baptêmes d'adultes, qui s'est élevé en 1869-1870 à 4,005, prouve assez que le mouvement des conversions, fortement accentué déjà en 1868, ne s'est point ralenti.

Le séminaire, récemment fondé à Saïgon, donnait déjà les plus heureux résultats. Le 21 novembre 1869, Mgr Miche ordonnait un prêtre et un diacre indigènes, et donnait la première tonsure à dix élèves indigènes, dont trois élevés à Pulo-Pinang, et les sept autres, prémices du séminaire de Saïgon.

L'année suivante (1870-1871), il était à craindre que le retentissement de nos malheurs troublât la tranquillité de notre colonie de Cochinchine. Heureusement ce danger lui fut épargné. Une seule tentative de soulèvement eut lieu : mais elle a été promptement et sévèrement réprimée. Cependant, on ne saurait nier que la crainte assez fondée de voir notre colonie passer sous la domination prussienne, fut une des causes principales du ralentissement dans le zèle des païens à se faire instruire des vérités de la foi. Bien qu'inférieur de 1,500, au chiffre de l'année précédente, le nombre des baptêmes d'adultes a été encore assez élevé, et s'est monté à 2,545. Si, d'un côté, la mission de Cochinchine occidentale reçoit depuis quelques années un accroissement notable, dans le nombre des chrétiens, de l'autre, elle en a perdu 5,200 par l'annexion qui vient d'être faite à la mission du Camboge, des deux provinces de *Hà Tiên* et de *Châu Đốc;* de sorte que le nombre des chrétiens, existant actuellement dans la mission de Cochinchine occidentale, est réduit à environ 38,500.

Le séminaire, avenir de la mission, est dans la situation la plus satisfaisante. Les professeurs, s'y trouvant maintenant en nombre suffisant, ne verront plus, comme précédemment, l'excès du travail épuiser leurs forces, et ils rendront à leurs élèves des services plus prolongés.

Les autres œuvres de la mission se trouvent dans un état aussi prospère. Les constructions entreprises se continuent ou s'achèvent: ainsi en est-il de l'église de *Mytho* et de la chapelle de *Biên hoà.* La chapelle gothique du séminaire est terminée. La bénédiction solennelle en a été faite le 19 avril 1871, par Mgr Miche, assisté de vingt-huit missionnaires ou prêtres indigènes.

Le 3 juin suivant, Sa Grandeur ordonnait deux nouveaux prêtres du pays, et conférait les ordres mineurs à neuf tonsurés et la première tonsure à six théologiens. C'est là le côté consolant des événements de la mission : mais elle a eu aussi ses douleurs que nous ne devons pas oublier.

La mort de MMrs Fontainé, Philippe et Jourdain, qui, en moins de six mois, étaient enlevés à la mission, fut suivie, un an après (1872), de deux coups bien cruels, frappés, parmi les plus jeunes ouvriers apostoliques de ce vicariat. M. Devulder, dont la constitution robuste se trouva promptement débilitée, par des fièvres continuelles, mourait pieusement à la procure de Hongkong, le 18 janvier dernier; et M. Abonnel, plus robuste encore que son confrère, et qui paraissait capable de résister, un demi-siècle, au climat de la Cochinchine, était victime de son dévouement, et tombait, massacré, sous les coups des rebelles, le 17 février suivant.

Pour occuper les places de ces courageux ouvriers, que le Seigneur a couronnés, dès le commencement de leurs travaux, six nouveaux missionnaires ont quitté la France, depuis notre dernier rapport général, et se sont rendus à Saïgon.

En terminant ce résumé des nouvelles de Basse-Cochinchine, nous devons mentionner le bref que le Saint-Père a adressé récemment à M. Colombert, et par lequel, Il le nomme évêque de Samosate, et coadjuteur de Mgr Miche. Le vénéré prélat, vu l'état de sa santé, et d'accord avec ses missionnaires, a sollicité lui-même du Saint-Siége cette nomination.

Les tableaux d'administration qui nous ont été transmis donnent les chiffres suivants :

	Année 1869.	1870.	1871.
Baptèmes d'adultes	4.005	2.545	1.718
— d'enfants de chrétiens.	1.546	1.772	1.600
— — de païens.	3.413	3.025	2.743
Confirmations	1.372	2.221	1.450
Communions.	73.500	81.855	81.370
Confessions	69.585	76.010	69.370
Mariages bénits	659	611	301
Saints viatiques	458	463	495
Extrèmes-onctions.	614	625	618

Le personnel de la mission comprend 1 évêque et son coadjuteur, 35 missionnaires européens, dont 7 sont employés au séminaire, 1 à l'imprimerie, et les 27 autres au saint ministère dans les paroisses; 13 prêtres indigènes en activité de service. Une moyenne de 35 à 40 catéchistes a été occupée à l'instruction des catéchumènes. Le séminaire compte 9 minorés et 6 tonsurés qui, avec 21 autres élèves, étudient la théologie : en tout 36 théologiens divisés en trois cours. Le séminaire entretient de plus 132 latinistes divisés en cinq classes principales.

Mission de la Cochinchine orientale.

Les lettres que nous recevions, en 1870, de la Cochinchine orientale nous faisaient connaître que l'on y jouissait, comme dans toute la Cochinchine du reste, d'une paix relative qui permettait aux missionnaires, sinon d'étendre beaucoup leur action, du moins de visiter leurs chrétientés et de recueillir çà et là quelques nouveaux convertis.

La modicité de ses ressources préoccupait Mgr Charbonnier d'une manière assez sérieuse ; et si nous mentionnons ici cette remarque, c'est qu'il nous semble que, de toutes parts, et des points de l'extrême Orient les plus éloignés les uns des autres, l'accord sur cet état de choses est frappant, et vraiment digne d'attention pour quiconque s'intéresse à l'avenir des missions. « Comme considération générale, « nous écrit Mgr Charbonnier, je puis ajouter que depuis l'arrivée « des Français, tout a doublé de prix. Ainsi, la mesure de riz que « j'ai toujours vu vendre au Tong-King moins de 2 ligatures, et qui, « de l'avis de tout le monde, était ici à meilleur marché encore, se vend « à présent 5 ligatures. La pièce de toile qui coûtait 2 ligatures se « vend actuellement 6 ligatures. »

Au sujet des œuvres établies dans son vicariat, Mgr Charbonnier ajoute : « Le collége qui, du temps de Mgr Cuenot, était très-réduit, « à cause de la persécution, est aujourd'hui en pleine prospérité. Il « jouit actuellement de locaux spacieux, et compte régulièrement « 30 élèves. Ces élèves nous coûtent, par an, chacun plus de cent « francs, et la chapelle que nous venons de terminer nous a coûté, à « elle seule, plus de 8,000 ligatures. Nous prêchons en ce moment la « religion dans cinq villages païens, c'est-à-dire qu'à côté de chaque « village païen, nous fondons un village uniquement composé de « nouveaux chrétiens. »

Plus récemment, Mgr Charbonnier nous écrivant du fond de sa mission, le 1ᵉʳ février 1871, à une date où quelques-uns de nos désastres commençaient à lui être connus, nous disait en nous présentant le tableau de son administration : « Ces résultats, vu les obstacles « que nous rencontrons, et les moyens dont nous disposons, sont « encore consolants; mais ils font naître une pensée bien triste : « l'année prochaine, que pourrons-nous faire? qui prendra soin de « nos établissements et de nos 635 orphelins ? Y aura-t-il une allo-

« cation de la Propagation de la Foi ? » Et Sa Grandeur terminait sa
lettre par ces mots qui sont comme le refrain du missionnaire :
« Prions et espérons. » Bien que fortement amoindrie, l'allocation de
1871 est allée réjouir le cœur de l'évêque et lui dire que, malgré ses
épreuves, la France se souvenait de ses missionnaires, de leurs œuvres, et de leurs orphelins.

Les catalogues de l'administration des sacrements dans la Cochinchine orientale donnent les chiffres suivants :

	Année 1869.	Année 1870.
Baptêmes d'adultes	382	502
— d'enfants de chrétiens	4.066	
— — de païens	6.064	
Orphelins rachetés	403	593
Confessions	33.914	36.036
Communions	32.297	34.620
Confirmations	3.385	222
Extrêmes-onctions	460	
Mariages	449	

Le nombre des chrétiens, dans ce vicariat, est de 29,826. Le personnel compte 1 évêque, 10 missionnaires européens et 25 prêtres
indigènes, dont le nombre est encore insuffisant pour les besoins
du vicariat. Le séminaire compte en outre 1 diacre, 8 sous-diacres,
2 minorés et 4 tonsurés. Un collége situé dans la province de *Binh-
Dinh* a 30 élèves ; c'est une école préparatoire au collége général de
Pulo-Pinang.

Mission de la Cochinchine septentrionale.

Un catalogue d'administration très-complet que nous avons reçu
en 1870 de Mgr Sohier, et un rapport très-détaillé de M. Daugeizer,
provicaire de la Mission, nous permettent de donner de ce vicariat
d'intéressantes nouvelles.

Nous empruntons tous les détails qui suivent au rapport de M. Dangeizer : « Cette année (1869), s'est écoulée pour notre mission dans une
« paix assez satisfaisante. Le gouvernement ne nous a pas inquiétés
« directement. Il est vrai que les mandarins trouvent toujours moyen
« de témoigner leur haine et leur mépris aux chrétiens, et de les

« rançonner. Les prêtres annamites sont libres de circuler partout ;
« il n'en est pas de même des missionnaires qui, dès qu'ils se dépla-
« cent, doivent avertir les mandarins. S'ils omettent de le faire, les
« pauvres maires, dont ils visitent les villages, sont gratifiés, à leur
« intention, de bon nombre de coups de rotin.

« Nous ne sommes donc pas libres. Chrétiens et missionnaires
« sont seulement tolérés. Aussi, un grand nombre de païens, surtout
« les riches et les personnages haut placés, craignent-ils de se com-
« promettre, en témoignant même le désir de se faire chrétiens. Il n'y
« a guère que les pauvres, ceux qui n'ont rien à perdre en ce monde,
« qui ont le courage de se convertir. Nous espérons toutefois que
« cette fausse position va bientôt cesser, et que le bon Dieu se servira
« encore de notre patrie pour procurer une vraie liberté à l'Église
« annamite......

« Les avertissements et les punitions d'en haut ne font pas défaut
« ici. Depuis plus d'un an, les brigands chinois ravagent le *Tong-*
« *King*. Les armées royales envoyées contre eux ayant été anéanties,
« moins par les balles ennemies, que par les fièvres, ce n'est qu'au
« poids de l'or qu'on vient d'obtenir la retraite des pillards. »

« Les moissons manquent l'une après l'autre, et la famine ne nous
« quitte plus. Sans les riz du *Tong-King*, une grande partie de notre
« population serait morte de faim. La peste a fait périr presque tous
« les bestiaux ; et, quoiqu'il dure depuis un an, ce fléau n'a point
« encore cessé. Au milieu de tous ces malheurs publics, on com-
« prend que notre communauté ne soit pas riche. Nous avons com-
« mencé au nord de la Mission une église qui, faute de ressources,
« est restée inachevée ..... »

Après le tableau de ces épreuves, M. Dangeizer nous fait le récit
consolant de la visite générale de tout le vicariat par Mgr Sohier :....
« Cette année (1869), Sa Grandeur assistée de deux missionnaires
« au moins, avec des prêtres indigènes et des clercs, a visité toute la
« Mission. Nous avons parcouru tout le pays sans être inquiétés.
« Les païens eux-mêmes paraissaient pleins de respect et d'égards
« pour nous. Dans toutes les chrétientés, l'arrivée de Monseigneur
« fut l'objet d'une grande fête. Souvent on fut obligé de modérer le
« zèle des chrétiens, pour ne pas exciter la jalousie des lettrés. Sa
« Grandeur a béni plusieurs nouvelles églises et administré, sur tout
« son parcours, le sacrement de confirmation.....

« Le principal but du voyage était les examens sur la doctrine

« chrétienne. A l'heure convenue, tout le monde s'assemble dans
« l'église. Sur l'autel sont déposés les chapelets, les croix, les mé-
« dailles et les scapulaires : récompenses qui excitent la convoitise
« des candidats. Sa Grandeur préside l'examen ; Elle est assistée de
« tout le clergé. Ceux qui répondent bien à toutes les questions du
« catéchisme, et qui récitent sans broncher toutes les prières, sont
« reçus docteurs ; et le nombre de ces derniers fut assez considérable.
« Ceux, qui savent moins bien, obtiennent un degré inférieur. Ceux,
« qui ne savent pas suffisamment, sont éconduits avec déshonneur.
« Après l'examen, ont lieu la proclamation des vainqueurs et la
« distribution des prix. Ce n'était point seulement les jeunes gens qui
« concouraient, mais aussi les personnes mariées, et jusqu'à des
« vieillards de 80 ans. Nous avons constaté avec bonheur, que, grâce
« au zèle de notre clergé indigène, les fidèles de ce vicariat étaient
« très-suffisamment instruits de la doctrine chrétienne...... »

D'après ces détails, que nous avons dû abréger à notre grand
regret, il est évident, qu'il y a, dans le peuple annamite, un mouvement réel vers la religion chrétienne, mais que l'attitude du gouvernement de Hué et les efforts des lettrés paralysent toutes les bonnes
intentions des païens résolus à se convertir. Nous en trouvons une
preuve plus frappante encore, dans les correspondances plus récentes
que nous recevons de Hué.

Dès que les malheurs de la France furent connus, on y ordonna
un dénombrement très-exact de tous les chrétiens. Cette mesure ne
pouvait présager rien de bon, pour qui connaît les dispositions du
roi et des mandarins. Par suite de ce dénombrement, les chrétiens
commencèrent à se trouver atteints plus lourdement par les impôts
et les corvées ; aux examens littéraires, on feignit de ne les point
connaître pour ce qu'ils sont, et, dans les casernes, les soldats chrétiens furent chargés de toutes les corvées imaginables. Les missionnaires ne se plaignirent point de ces misères et de ces tracasseries :
mais ils comprirent, de plus en plus, qu'ils n'étaient que tolérés, et
qu'un incident fâcheux suffirait à ranimer la sourde persécution des
anciens jours.

Une nouvelle mesure, prise récemment par le gouvernement de
Hué, fournit une preuve plus évidente encore de sa haine et de ses
dispositions hostiles envers notre sainte religion. L'année dernière,
le roi fit réimprimer, à quatre cent mille exemplaires, et publier,
dans tout le royaume, un infâme libelle que le tyran *Minh Menh* avait

d'abord, pour tâcher d'abolir les dix commandements de Dieu. Neuf
de ces articles ne contiennent que des choses à peu près insigni-
fiantes : c'est un ramassis et une compilation de textes des philoso-
phes chinois, pour exhorter le peuple à la sobriété, à la tempérance,
au respect envers les pères et mères, envers le roi et les mandarins ;
mais le septième article est fort injurieux, pour notre sainte religion.
En voici le sens exact : « La religion chrétienne est remplie de super-
« stitions, contraire à la raison ; elle trompe et séduit le peuple. Les
« hommes et les femmes y vivent comme des brutes. Elle fomente
« les conjurations, et conduit ses adeptes au supplice. Elle pervertit
« la saine doctrine : elle est contraire à l'ordre naturel : il ne faut
« pas y croire. Si quelqu'un a eu le malheur de se laisser séduire, il
« doit promptement revenir à résipiscence. Il faut observer les rites
« du royaume prescrits pour le culte des morts. L'unique moyen,
« pour revenir dans le bon chemin, c'est de renoncer aux erreurs. »

Et afin que ces odieuses calomnies soient mieux comprises par
tout le peuple, *Tu-Duc* y a fait ajouter une paraphrase en langue
vulgaire. Les villages païens ont reçu ce pamphlet, avec beaucoup
de pompe et de cérémonies, et les plus zélés d'entre les lettrés
l'expliquent et le commentent, une fois par semaine, à tout le peuple
réuni.

Dès que Mgr Sohier a eu connaissance de cette publication, il a
adressé, à tous les chrétiens de sa Mission, une circulaire pour leur
défendre d'aller quérir cet infâme libelle chez les mandarins, et
d'assister à son explication. Jusqu'à présent, ils ont pu s'en exempter ;
mais, non sans recevoir quelques coups de rotin. Cela n'empêche
pas que ce libelle, faisant connaître les dispositions hostiles du gouvernement, et déversant le mépris sur les chrétiens, encourage et
enhardit les païens, dans leurs superstitions, et les éloigne des pré-
dicateurs de notre sainte religion.

Cette cause est la grande raison du petit nombre de baptêmes
d'adultes et de catéchumènes, que mentionnent les tableaux d'administration ci-dessous :

	Année 1869.	1870.	1871.
Baptêmes d'adultes	103	93	65
Catéchumènes	93	87	47
Baptêmes d'enfants de chrétiens	879	710	993
— — de païens	985	905	
Cérémonies suppléées	247	273	161
Confirmations	2.463		827

Confessions	46.092	54.576	49.695
Communions	44.356	52.398	48.657
Mariages	237	223	202
Saints viatiques	220	324	327
Extrêmes-onctions	265	368	357

Le nombre des chrétiens, dans ce vicariat, s'élève à 24,212. Ce qui explique le chiffre élevé des confessions et des communions, c'est la présence ininterrompue des prêtres dans leurs paroisses, et le bienfait du jubilé, accordé à l'occasion du concile du Vatican, et que la plupart des chrétiens se sont empressés de gagner, avec une piété et un zèle admirables.

Le personnel de la Mission comprend 1 évêque, 7 missionnaires européens, 37 prêtres indigènes, 2 diacres, 5 sous-diacres, 5 minorés et 13 tonsurés. Par suite de la diminution des subsides de la Propagation de la Foi, le nombre des élèves du collége, qui était de 70, a été réduit à 30, sans compter toutefois les 24 élèves qui font leurs études, au collége général de Pulo-Pinang. Les religieuses annamites sont au nombre de 360. On conserve le Saint-Sacrement dans trois églises solidement bâties. Celle de Hué, sans être un monument, est le plus bel édifice que l'on ait vu dans le pays, depuis la prédication de l'Évangile. Les cérémonies du culte s'y accomplissent, avec la même liberté et la même publicité qu'en France.

Mission du Tong-King méridional.

A la date du milieu de décembre 1869, Mgr Gauthier nous écrivait, qu'il s'occupait activement à réparer les désastres causés, par la persécution des lettrés, dans l'année 1868. Les 32 villages chrétiens, pillés et brûlés à cette date, étaient presque tous reconstruits tant bien que mal. Toutefois, les garanties données au libre exercice de la religion étaient encore fort précaires, comme l'affirment des lettres reçues au commencement du mois d'août 1870, et dont nous citerons quelques extraits : « Dans le cours de ma dernière visite pas- « torale, écrit Mgr Gauthier, je pouvais, chaque jour, prêcher devant « un auditoire qui comptait ordinairement bon nombre de païens. « J'ai eu de longs et fréquents entretiens avec des lettrés, des chefs « de canton, des assesseurs ou des greffiers de mandarins ; or, tous

« convenaient du ridicule et de l'absurdité de leurs nombreuses
« pratiques superstitieuses......

« En faisant l'administration de plusieurs villages, qui ont été victi-
« mes des attentats commis par les lettrés, j'ai été grandement édifié
« des bonnes dispositions que j'ai trouvées chez ces pauvres chré-
« tiens, qui venaient d'être si horriblement maltraités dans leurs
« personnes et dans leurs biens. Le jour de la Toussaint, j'ai célébré
« la messe solennelle sur l'emplacement même de l'église brûlée par
« les lettrés. Il se trouvait là réunis plusieurs milliers de chrétiens et
« de païens..... »

Cette tolérance toutefois n'est point partout la même ; et Mgr Gauthier, dans une autre lettre, cite un fait récent, qui prouve combien la
haine des lettrés, contre les chrétiens, est encore vive en certaines
localités.

Le curé de la paroisse de *Thanh-Xuyen* devait passer quatre jours
dans le village chrétien de *Trung-Lam*. Les fidèles, pour se conformer
aux usages de la localité, préviennent le maire aussitôt. Celui-ci
réunit les principaux personnages de la commune, et tous, s'étant
constitués en tribunal, font comparaître les chefs des chrétiens et
leur signifient : *que jamais ils ne toléreraient l'exercice du culte chrétien, ni la p . . . ace d'aucun prêtre sur le territoire de leur commune ;
et que, s'ils s'obstinaient à garder leur religion, ils n'avaient qu'un
parti à prendre : celui de s'expatrier.*

Après cette déclaration, les chefs des chrétiens ont été garottés,
couchés à terre, et rudement fustigés : puis leurs maisons furent
livrées au pillage. Ces magistrats improvisés ont ajouté même :
que, si un Européen avait l'audace de se présenter dans leur village, il serait immédiatement massacré, et le village mis à feu et à
sang.

Malgré cela, les germes de conversions ne sont point entièrement
étouffés. Dans cette même paroisse de *Thanh-Xuyen*, dont aucune
des 20 chrétientés n'a échappé, en 1868, à la fureur des lettrés, un
personnage important est venu, de lui-même, demander à se faire
chrétien, avec toute sa parenté (environ 15 à 20 personnes) ; et
comme, par suite des attentats réitérés des ennemis de la religion, il
ne reste plus ni église, ni presbytère, dans toute l'étendue de la
paroisse, il a offert de construire, à ses frais, un oratoire et un presbytère sur son terrain. Beaucoup d'autres païens témoignent le même
désir, mais la crainte d'un massacre général des chrétiens, que les

lettrés cherchent à susciter de nouveau, pourrait bien entraver ce mouvement de conversions.

Les lettres reçues de différents points de cette même mission, en 1871, constatent l'heureux résultat et les fruits de salut sortis du dernier jubilé. « Si les chrétiens de quelques villages, incendiés l'année précédente, n'étaient pas encore à la merci de leurs persécuteurs, il est à croire, qu'à très-peu d'exceptions près, tous les chrétiens auraient profité de la faveur insigne, que Pie IX vient d'accorder à l'univers catholique. » Mgr Gauthier confirme ces bonnes nouvelles, en écrivant, dans une de ses lettres, ce mot significatif : « Depuis la publication du jubilé, il y a, vers la religion, un retour qui tient du merveilleux. Nous jouissons de la paix, et nos chrétiens s'évertuent à bâtir des églises. »

Les catalogues d'administration donnent les résultats suivants :

	Année 1869.	1870.	1871.
Baptêmes d'adultes.	126	171	161
— d'enfants de chrétiens.	3.282	3.015	3.563
— — de païens.	4.516		3.478
Confessions	50.143	81.367	66.725
Communions.	46.061	74.807	62.871
Confirmations	1.805	1.710	512
Mariages	658	863	719
Saints viatiques	569	526	517
Extrêmes onctions.	769	1.107	1.119

La population chrétienne de ce vicariat compte de 60,000 à 70,000 âmes, formant 25 paroisses. Le personnel de la mission comprend 2 évêques (dont un vicaire apostolique et son coadjuteur), 8 missionnaires européens, 41 prêtres indigènes (dont 5 infirmes et 1 retenu par le roi, à la capitale, pour y enseigner le français), 6 diacres, 4 clercs, 84 latinistes, et 83 catéchistes.

Mission du Tong-King occidental.

L'année 1869 a été, pour cette mission, abondante en travaux et aussi en consolations. Les prêtres indigènes, retrempés dans la ferveur, à la suite de la retraite pastorale, ont rivalisé de zèle avec les missionnaires, et ont obtenu des résultats très-satisfaisants, qu'atteste le tableau d'administration, dont nous donnons plus loin connaissance.

Un des plus grands sujets de consolation, pour nos confrères du Tong-King occidental, a été le retour, à la vraie foi, de quatre villages qui l'avaient abandonnée, les uns, depuis 70 ans, les autres, depuis 40 ans seulement, au commencement de la cruelle persécution de *Minh Menh*. Sur 5,000 âmes environ, qui forment la population de ces villages, 2,000 sont revenues au service du vrai Dieu et ont abandonné les pratiques superstitieuses. De tout temps on avait fait les plus grands efforts pour ramener au bercail ces brebis égarées. Les missionnaires, les prêtres les plus fervents, avaient jusqu'ici malheureusement échoué. Et voici que la grâce a vaincu ces cœurs endurcis : tant il est vrai que ce ne sont pas les efforts des hommes qui convertissent les pécheurs, mais bien la grâce de Dieu !

Au point de vue des baptêmes d'adultes, le chiffre de l'année 1869 dépasse de 200 celui de l'année précédente. Toutefois, la paix et la liberté nécessaires pour rendre faciles ces conversions, sont loin d'être données. Quelques incursions de rebelles chinois, au nord de la province, tout en occasionnant des désastres considérables, ont jeté dans les esprits des craintes sérieuses pour l'avenir. « Par ces fléaux, « dit Mgr Puginier, Dieu semble punir ce pauvre peuple annamite, si « longtemps rebelle à la foi. Puissent ces châtiments le disposer à « ouvrir les yeux à la lumière de l'Évangile!

« Le Saint-Siége, écrit encore Mgr Puginier, vient d'accorder à ma « mission une faveur signalée, je veux dire la permission de garder « le Très-Saint-Sacrement dans nos établissements. Notre Seigneur « réside, en permanence, dans notre séminaire de théologie, et dans « nos deux colléges de latin. Ce sera, pour nous, une forte protection « contre les malheurs que suscite ordinairement le malin esprit. »

En 1871, d'aussi bonnes nouvelles nous sont venues du Tong-King occidental que de la mission précédente, au sujet du jubilé et des effets salutaires, qu'il a produits parmi les chrétiens.

Il a été prêché, pendant six mois, dans toutes les paroisses du vicariat : et, durant ce temps, tout le monde, missionnaires, prêtres indigènes, catéchistes, se sont sacrifiés, nuit et jour, pour le bien des fidèles. Si la peine a été grande , les résultats ont été immenses. Les pécheurs les plus endurcis revinrent à la pratique de leurs devoirs. Le zèle enfin était si grand, qu'une foule de chrétiens, après avoir gagné plusieurs fois le jubilé dans leur propre paroisse, allaient encore le gagner, dans les paroisses voisines, où le tour des exercices solennels était arrivé. Ces heureux fruits sont d'ailleurs consignés dans le tableau d'administration que nous donnons plus loin.

« On peut juger, d'après les chiffres qu'il présente, nous écrit
« Mgr Puginier, que l'année 1870 a été une année de grâces pour le
« Tong-King occidental. Une chose, que depuis longtemps on n'avait
« vue dans la mission, c'est l'implantation de notre sainte religion
« au milieu de villages entièrement païens. Or, six villages, jusqu'ici
« entièrement adorateurs des idoles, et où l'on ne comptait pas un
« seul chrétien ont reçu cette année la lumière de la foi. Quelques-uns
« peu populeux ont embrassé la religion presque en entier; d'autres,
« plus considérables, ne se sont convertis qu'en partie; mais ces nou-
« velles chrétientés forment un noyau, qui, avec la grâce de Dieu,
« ne manquera pas, je l'espère, de se développer.

« Une chose remarquable, c'est qu'aux environs de nos trois cen-
« tres de communautés, où nous avons la permission de conserver
« le Très-Saint-Sacrement, le mouvement des conversions est beau-
« coup plus sensible que dans les parties plus éloignées. Sans aucun
« doute, Notre-Seigneur Jésus-Christ, du fond de son tabernacle,
« éclaire, tout à l'entour, d'une lumière mystérieuse, les âmes des
« infidèles. Plût à Dieu qu'il nous fût possible de conserver le Très-
« Saint Sacrement dans tous les chefs-lieux de paroisses! La mis-
« sion tout entière ne tarderait pas à changer de face. »

Mgr Puginier donne ensuite quelques détails intéressants sur son clergé indigène ; nous en extrayons les lignes qui suivent : « Dans
« le courant de cette année, j'ai fait une ordination où 4 diacres ont
« été promus au sacerdoce. J'en ferai probablement une autre, au
« mois de décembre, pour y ordonner 4 nouveaux prêtres. » C'est
ainsi que se continue, avec le plus grand succès, au Tong-King occidental, la formation du clergé indigène, d'où dépendent, comme le
prouve l'expérience, l'affermissement de l'esprit de foi parmi les
fidèles, et la conversion de nombreux païens à la religion chrétienne.

Les tableaux de l'administration annuelle des sacrements donnent
les résultats suivants :

	Année 1869.	1870.
Baptêmes d'adultes	1.017	1.021
— d'enfants de chrétiens.	1.789	2 463
— — de païens . .	44.743	52.035

Cérémonies suppléées.	3.917	4.054
Confessions ordinaires	177.182	231,315
— d'enfants.	5.918	8.681
Communions ordinaires.	157.723	213.416
Premières communions.	4.408	7.159
Confirmations.	4.544	7.444
Mariages	1.416	1.453
Saints viatiques	1.808	2.558
Extrêmes-onctions.	2.629	2.831

Le personnel de la mission comprend 1 évêque, 24 missionnaires européens, 83 prêtres indigènes, 23 élèves étudiant la théologie, 270 élèves latinistes, et 276 catéchistes. On compte en outre 500 religieuses amantes de la croix.

Le nombre des chrétiens, dans ce vicariat, est de 140,000 : ils sont disséminés dans plus de 800 chrétientés, formant 46 paroisses. Les œuvres principales de la mission sont : un séminaire de théologie, deux séminaires de latin, quatre orphelinats avec deux succursales pour les enfants païens recueillis, et une imprimerie pour les livres annamites et pour les livres latins.

Mission du Kouang-Tong, Kouang-si et Haïnan.

L'année qui vient de s'écouler a été, pour la province de Canton, pleine d'épreuves et de dangers. Il était à craindre que les Chinois, ayant connaissance de nos désastres en Europe, suscitassent une persécution et un soulèvement populaire, comme ils l'avaient fait à Tien-Tsin. Et, en effet, dans un district voisin de Canton, les deux chapelles de *Tong Koun* et de *Chec-Long* furent complétement réduites en cendres, par la malveillance des païens, qui brûlèrent aussi les habitations des chrétiens, et réduisirent ceux-ci à la dernière misère. Trois cents d'entre ces malheureux se rendirent à Canton pour y chercher un refuge : nos confrères durent les héberger et les nourrir pendant trois ou quatre mois, et, bien que le gouvernement chinois leur ait donné de quoi relever leurs maisons, la mission n'en restera pas moins sous le poids des dépenses qu'elle a dû faire, par suite de ces tristes événements.

A *Chtou-hen*, la persécution a également fait sentir ses coups ; les chrétiens ont été rudement vexés : deux catéchistes ont été pris et jetés en prison, où ils sont encore ; et l'on ne sait pas quand, ni comment, se terminera ce reste de persécution.

Nous empruntons les détails qui suivent, aux notes que Mgr Guillemin veut bien nous communiquer, sur les évènements de sa mission :

« Au milieu de cette effervescence et des graves inquiétudes
« qu'inspirait l'avenir, le consul français de Canton m'ayant fait
« part de ces craintes, et déclaré que son seul espoir de salut repo-
« sait sur la protection anglaise, je n'ai pas hésité un instant à faire
« le voyage d'Angleterre, où les premières autorités m'ont promis
« de faire pour nos missions, absolument tout ce qu'elles feraient
« pour les leurs. Nous avons donc été à l'abri de plus grandes vexa-
« tions.

« La construction de notre église à Canton s'est continuée lente-
« ment, au milieu du malaise universel, et j'ai reçu, depuis peu,
« deux lettres de nos missionnaires, qui m'instruisaient du bon effet
« que cette œuvre produisait à l'intérieur de la province.

« Des lettres de Sancian m'annoncent également, que les bonnes
« dispositions des habitants pour embrasser la foi, se maintiennent
« dans toute l'île, et un des confrères chargés de ce district, m'écrit
« en particulier ces bonnes et consolantes paroles : *Oh ! soyez-en*
« *persuadé, Monseigneur, avant trois ou quatre ans, l'île entière*
« *aura reçu le saint baptême et sera régénérée en Jésus-Christ ! Et là*
« nous comptons de dix à douze mille habitants !

« Ailleurs, nous avons à enregistrer un certain nombre de con-
« versions, et, malgré les inquiétudes terribles qui ont pesé sur nous,
« pendant tout le cours de l'année, je pense, d'après les lettres de
« nos missionnaires, que le nombre des baptêmes conférés aux
« adultes, ne sera pas au-dessous de cinq cents. Dieu soit donc béni
« de ce succès encore inespéré ! »

Kouang-Si.

Le journal de M. Bazin, dont les annales de la Propagation de la Foi ont publié d'importants extraits, a fait connaître déjà les deux chrétientés de *Sy-lin-hien* et de *Chang-tsin*, où se continue, depuis quelque temps, l'œuvre d'évangélisation commencée par le vénérable Chapdelaine.

La plus grande tranquillité règne dans cette partie de la mission,
et M. Bazin écrivait, à la date du 24 juillet 1871 : « Ici, j'ai toujours
« quelques conversions, dont le nombre serait bien plus grand si
« j'avais des catéchistes. J'ai établi une pharmacie dans Sy-lin-hien.
« Les remèdes y sont donnés gratis aux petits enfants, ce qui pro-
« duit très-bon effet. J'ai encore deux pharmacies dans les cam-
« pagnes ; elles sont tenues par deux bonzes convertis au Kouy-
« tchéou. Je les enverrai ouvrir de nouvelles stations, là où il y aura
« quelque espoir de conversions. »

Depuis le 17 juillet de l'année dernière, M. Bazin jouit de la com-
pagnie d'un jeune confrère, M. Scuchières, qui a pu parvenir à
Sy-lin-hien après un bien long voyage entravé par le mauvais vou-
loir des mandarins.

Pour faciliter l'évangélisation du Kouang-Si et donner un lieu de
refuge propice à nos confrères, en cas de persécution, la mission du
Kouy-tchéou a cédé provisoirement aux missionnaires du Kouang-Si
deux chrétientés, où vont s'installer prochainement MM. Chouzy et
Renault.

De son côté, M. Foucard cherche à fonder un établissement dans
la partie tout opposée du Kouang-Si, près de la frontière du Can-
tonnais. Déjà une maison a été achetée : mais, dès les premiers jours,
une violente opposition est venue entraver cette entreprise. Les
quatre catéchistes et les deux chrétiens, envoyés pour s'y installer,
ont dû fuir précipitamment devant les menées des autorités et
leurs placards incendiaires. Le missionnaire laissera naturellement
s'apaiser cet orage avant de tenter l'établissement projeté. Il ne sait
même comment faire occuper et garder la maison nouvellement achetée ; car il suffirait que l'on n'y fît pas de superstitions pour attirer
les plus graves difficultés et faire perdre à la mission les fruits de
cette coûteuse acquisition. En attendant, il travaille sur un autre
point, où il espère obtenir quelque succès.

Une épreuve bien cruelle a été envoyée à cette mission naissante,
par la perte qu'elle a faite, le 16 octobre 1871, dans la personne de
M. Mihières, son supérieur. Ce cher et regretté confrère avait voulu
profiter du retour de Mgr Faurie au Kouy-tchéou, pour entrer, lui
aussi, de ce côté, dans sa mission ; mais la mort frappa coup sur
coup, à quatre mois de distance, et Mgr Faurie, et M. Mihières,
laissant dans l'affliction la plus vive, les deux missions qu'ils diri-

geaient, et les nombreux confrères qui connaissaient leurs travaux apostoliques, leur zèle et leurs vertus.

Ces premiers obstacles, et les épreuves que traverse en ce moment la mission du Kouang-Si, presque au sortir du berceau, sont le meilleur présage des résultats qu'elle donnera plus tard. Si l'ennemi de tout bien fait tant d'efforts pour l'anéantir et l'empêcher de se consolider, c'est qu'il craint les ravages que notre sainte religion doit faire, parmi ses sujets, dans cette province où il régnait depuis si longtemps en maître absolu.

Mission du Kouy-tchéou.

Ce vicariat, déjà si éprouvé par les guerres avec les rebelles, par les pestes et les famines qui ont suivi ces guerres, puis, par les diverses persécutions locales suscitées contre les chrétiens, devait encore ressentir une nouvelle douleur, celle d'être privée de Mgr Faurie, son premier pasteur, mort à *Kouy-Fou*, le 21 juin 1871, au moment où il revenait du concile, les mains pleines des bénédictions de Pie IX.

Cette mort, après celles de M. Vielmon, le directeur zélé de l'œuvre de la Sainte Enfance au Kouy-tchéou, et de M. Gilles, tombé, à son poste, victime des mauvais traitements de païens fanatiques, a creusé un bien grand vide. Pour le combler, et aider leurs confrères dans cette tâche difficile de l'évangélisation d'une grande province, trois jeunes missionnaires sont partis pour le Kouy-tchéou, depuis notre dernier compte rendu, et quatre autres se disposent à les suivre.

Nous sommes heureux d'annoncer aussi que le Saint-Siége vient de désigner, comme successeur du prélat défunt, M. Lions, provicaire de Mgr Faurie, et missionnaire depuis 1848. C'est lui qui, désormais, administrera cette mission en qualité de vicaire apostolique et avec le titre d'évêque de Basilite.

Une lettre de M. Lions, en date du 6 juillet 1871, nous donne, de l'état actuel de sa mission, quelques détails intéressants que nous devons mentionner : « Maintenant nous sommes en « paix avec les païens. Que Dieu daigne nous y maintenir long- « temps !... Les indigènes *Tchung-Kia-Tse*, qui, autrefois, s'étaient

« convertis en masse, puis qui avaient été dispersés par les rebelles,
« reviennent maintenant peu à peu. Ils reviendraient bien plus
« vite et en plus grand nombre, s'il y avait assez de missionnaires
« pour les instruire.

« Si le Seigneur daigne nous accorder la paix civile et religieuse,
« avec la grâce de Dieu, on aura des conversions fort nombreuses :
« mais les commencements, qui sont difficiles partout, le sont bien
« plus encore au Kouy-tchéou, où l'on ne trouve absolument aucune
« ressource dans le pays, soit en argent, soit en hommes. Presque
« tous les chrétiens sont néophytes, et demandent par conséquent
« beaucoup plus de soins. Il arrive souvent qu'à peine les catéchu-
« mènes sont-ils préparés au baptême et prêts à recevoir le sacre-
« ment, que surviennent les rebelles, ou la persécution, et tout est
« dispersé et ruiné pour longtemps.

« Les rebelles, depuis une dizaine d'années, nous ont fait un mal
« immense. Si, parfois, ils ont été la cause occasionnelle de nom-
« breuses conversions, ils ont été la vraie cause de la ruine de toutes
« nos vieilles stations. Il ne faudra pas moins de dix années pour que
« la paix soit générale dans toute la province; et il ne faudra pas
« moins de temps pour que la religion soit solidement établie dans
« les campagnes : et encore, que d'efforts, que d'hommes, que d'ar-
« gent ne faudra-t-il pas dans un pays complétement dévasté, où le
« missionnaire trouve bien rarement un abri décent pour célébrer les
« saints mystères et réunir les néophytes... »

Le catalogue de l'administration, pour l'année 1870-1871, donne
les résultats suivants :

Baptêmes d'adultes.	781
Baptêmes d'adultes *in articulo mortis.*	70
— d'enfants de chrétiens. . . .	335
— — de païens	3,323
Catéchumènes nouveaux	1,861
Confessions.	7,963
Communions	6,609
Confirmations.	151
Mariages bénits.	92
Extrêmes-onctions.	113

La mission a 19 écoles de garçons et 18 écoles de filles. Plus de
deux mille chrétiens n'ont pu être visités, à cause de la persécution.
Le personnel se compose de 1 évêque, 17 missionnaires et 2 prêtres
indigènes.

Mission du Yun-Nan.

Cette lointaine mission, d'après les lettres que nous recevions de Mgr Ponsot en 1870, paraissait loin de jouir d'une paix complète. « Les différents peuples de cette province, écrit Sa Grandeur, sont « violemment éprouvés et presque à bout : les hordes de brigands « les pillent, et les mandarins, à leur tour, les accablent de contribu- « tions. » Malgré ces troubles et ces guerres qui affligent surtout la partie occidentale de la province, les résultats de l'administration, en 1869-1870, sont assez satisfaisants, comme on le verra plus loin.

Le passage suivant d'une lettre que nous adresse Mgr Ponsot, à la date du 16 janvier 1871, complète les détails qui précèdent et résume de la manière la plus précise la situation du Yun-Nan, au point de vue des espérances que l'on peut concevoir, sur les progrès de la religion : « Ici, au Yun-Nan, depuis environ quinze ans que nous vivons « au milieu des guerres et du pillage, nous n'avons aucunement pu « faire tout ce que nous désirions. Ces bruits de guerre, ces invasions « de barbares mettent obstacle à la propagation rapide de l'Évan- « gile. Nous ne sommes pourtant point sans consolations. Dans tout le « vicariat, nous avons encore chaque année de nombreux adora- « teurs, et nous avons toujours bonne confiance de voir enfin s'ou- « vrir le *Vastum fidei ostium.* »

« Les massacres de *Tien tsin* ont retenti dans toutes les provinces « de la Chine, et jusqu'au Yun-Nan. Les païens disaient déjà tout « haut que c'en était fait de la religion chrétienne, que tous les mis- « sionnaires et tous les fidèles allaient être impitoyablement massa- « crés. Enfin, tout paraît s'être un peu calmé de ce côté ; mais voloj « que nous sommes menacés de nouveau par les hordes des barbares « du Nord, les terribles *Man tsè*. Ils ont tant fait qu'ils sont parvenus « à franchir le grand fleuve qui les sépare du Yun-Nan. On les dit » très-nombreux, et chacun se prépare à les recevoir. Néanmoins, « *nisi Dominus custodierit civitatem, frustrà vigilat qui custodit* « *eam.* Le Sud et l'Ouest sont toujours en guerre avec les *Hoûy tsè* « qui finiront enfin par succomber. On vient encore de leur reprendre « la ville la plus fortifiée après *Ta-ly*. Le monde est bien troublé !

« Espérons, néanmoins, que les prières des pieuses et saintes âmes
« toucheront le cœur de Dieu et qu'il nous accordera à tous la sainte
« paix ! »

Enfin, tout récemment, nous recevions, sous la date du 18 octobre 1871, des nouvelles plus fraîches et plus consolantes aussi :
« Malgré tant de misères de tout genre, le bon Dieu ne nous laisse
« point sans consolations. Nous voyons, de temps en temps, des fa-
« milles païennes entières embrasser notre sainte religion. Dans le
« district de *Ku-tsin-fou*, même au plus fort de la haine des païens,
« dix familles ont adoré ; une autre famille infidèle, épouvantée par
« le démon qui faisait un vacarme épouvantable dans la maison,
« vint, toute éplorée, trouver le missionnaire et lui demander ce qu'il
« fallait faire pour se délivrer de ces obsessions. Le Père répondit :
« *Faites-vous chrétiens*, ce qu'ils firent de bon cœur. Ensuite il alla
« bénir leur maison, et, depuis ce moment, on n'entendit plus au-
« cun bruit. Si le gouvernement chinois était tant soit peu favorable
« à la propagation de la foi, les conversions seraient très-nom-
« breuses… »

Les tableaux d'administration donnent les résultats suivants :

	Année 1869-1870.	1870-1871.
Baptêmes d'adultes	226	220
Baptêmes d'enfants d'infidèles	12,000	»
— — de chrétiens	305	600
Confirmations	230	»
Confessions, environ	4,000	5,000
Communions pascales	3,000	3,800
Mariages	105	»
Extrêmes-onctions	200	»

Le personnel de la mission comprend 1 évêque, 10 missionnaires
européens et 7 prêtres indigènes. Le nombre des chrétiens est d'environ 8,500.

Mission du Su-tchuen oriental.

M. Blettery, provicaire de la mission, et qui l'administrait en l'absence de Mgr Desflèches venu en Europe pour le Concile, nous
donne, à la date du 20 août 1871, d'intéressantes nouvelles de la partie de la Chine qu'il habite. « Nous venons de passer, dit-il, une an-

« née assez tranquille, quoiqu'elle eût commencé sous de tristes
« auspices. Les massacres de *Tien tsin*, prémédités et spécialement
« dirigés contre les Français, les nouvelles de notre guerre avec la
« Prusse, puis de nos revers et de nos désastres, eurent un terrible
« retentissement dans nos contrées. Je n'aurais jamais cru que les
« Chinois prissent tant d'intérêt à des combats entre nations étran-
« gères et éloignées. Il est évident qu'ils nourrissaient des projets
« hostiles contre nous. Les chrétiens bien instruits des intentions des
« païens étaient atterrés. Nous recevions en même temps de Sang-
« Haï des nouvelles peu rassurantes. On répétait sur tous les tons
« que les Chinois levaient des troupes nombreuses, et cherchaient à
« profiter d'une occasion si favorable pour expulser tous les étran-
« gers. Mais, Dieu a eu pitié de nous. L'orage qui grondait si fort
« s'est dissipé, je ne sais par quels ressorts de la divine Providence.
« Le bruit a cessé graduellement, les craintes ont disparu peu à peu,
« et, en ce moment, tout marche comme à l'ordinaire. »

Le grand moyen qu'emploient les mandarins et les lettrés pour
entretenir la haine du peuple contre les chrétiens, est la publication
d'atroces calomnies et d'infâmes libelles, que l'on répand à profusion,
et dans lesquels on représente les missionnaires et les chrétiens
comme des monstres de la pire espèce. Le bulletin des missions catholiques a donné, tout récemment, à ses lecteurs, quelques échan-
tillons de ces odieux pamphlets, où la rage la plus fanatique le dis-
pute à la calomnie la plus éhontée. Le mal que causent ces pamphlets
est immense. Ils sont dans les mains de tous : on les lit avec avidité
et telle est la première cause de la haine des païens contre les chrétiens, haine qui grandit, depuis dix ans, d'une manière prodigieuse et
qui se dissipera très-difficilement. Parmi les païens les mieux inten-
tionnés, ceux qui sont sincères et à même de juger sainement
les choses, s'éloignent des missionnaires, ne sachant ce qu'il y a de
vrai ou de faux dans ces accusations, et ne voulant pas exciter la
haine des autres, s'ils témoignaient quelque sympathie aux pauvres
persécutés. Avec de telles dispositions, il faut beaucoup de prudence
et de patience aux chrétiens, pour ne donner aucun prétexte à la malveillance. Un rien suffirait parfois pour allumer un terrible incendie.

Un trait donnera une idée des précautions dont il faut user. En 1870,
sur un point de la mission, vingt ou trente familles se convertissent.
La plupart de ces néophytes sont de petits fermiers, de pauvres lo-
cataires, placés chez des propriétaires païens. Les riches, les gros

bonnets du pays, ennemis naturels du christianisme, s'indignent de ces conversions. Que faire pour s'y opposer ? Obliger par la force ces pauvres gens à apostasier, ce n'est pas chose facile. Ils ont donc recours à leurs moyens ordinaires. Tous les chefs de la localité s'assemblent et décident entre eux qu'aucun propriétaire ne gardera désormais un fermier ou un locataire chrétien. L'affaire est portée devant le mandarin, qui fort heureusement a conservé quelques principes de justice, et qui répond : « Les chrétiens reçoivent bien des « fermiers sans distinction de religion, les païens comme les autres; « tous sont également sujets de l'empereur. Ainsi, que la paix ne « soit plus troublée pour ce motif! » Cette sage réponse termina le différend : les païens s'en tinrent là, en attendant une occasion plus favorable. Celle-ci ne tarda pas à se présenter. Au bout de quelques mois, le mandarin est changé et remplacé par un autre de sentiments bien différents. Les ennemis des chrétiens reviennent à la charge et obtiennent gain de cause. Tous les colons et fermiers chrétiens sont condamnés à quitter le pays, et les satellites se mettent en campagne pour faire exécuter la sentence. M. Bichery a porté plainte auprès d'un mandarin supérieur. Dieu veuille que justice soit rendue!

La révision qui doit avoir lieu, en 1872, du traité conclu entre la France et la Chine, à la suite de l'expédition victorieuse des alliés, a donné naissance à un *memorandum* lancé par le gouvernement chinois, et qui a fait autant de bruit en Europe, qu'en Chine même. Les intentions secrètes de ceux qui ont rédigé le memorandum et qui voudraient voir conclure un traité, sur les bases qu'ils proposent, ne sont pas douteuses. Ils demandent qu'aucune indemnité ne soit plus désormais accordée aux missions, pour la confiscation, ou la destruction de leurs biens. Ceux qui demandent ces choses, sont ceux précisément qui, il y a huit ans, soulevaient la multitude dans la ville de *Tchong-kin* et la lançaient contre la demeure de l'évêque. On sait que, quand tout fut pillé et brisé, cette populace se rua sur 72 familles chrétiennes et traita leurs maisons et leurs propriétés de la même manière. Les mêmes scènes se sont renouvelées depuis à *Tong-tou*, à *Pen-chou*, à *Ho-ché-ta*, à *Yéou-yang* et ailleurs.

Les rédacteurs du *memorandum* demandent encore que les établissements des missions soient placés sous la surveillance d'un officier chinois, et qu'on ne tolère plus ni hospices d'enfants trouvés, ni écoles de filles. Voilà comment le gouvernement chinois entend la liberté religieuse! On s'imagine aisément ce que deviendraient les

séminaires et les colléges, les orphelinats et les écoles, sous le con-
trôle d'un mandarin chinois haineux et taquin.

L'accueil qui a été fait en Europe, à ce fameux *memorandum*, permet d'espérer qu'il n'en sera plus question, et que les
libertés et les garanties qui avaient été obtenues en faveur des chrétiens, auxquels elles sont aujourd'hui plus nécessaires que jamais,
leur seront conservées.

Voici les chiffres de l'administration, tels qu'ils nous sont transmis
du Sutchuen oriental :

	Exercice 1870-1871.
Baptêmes d'adultes. . . .	731
Catéchumènes	862
Adorateurs.	1,529

Au nombre des baptêmes d'adultes, il faut ajouter encore ceux
de la Société des mendiants. Ils se montent cette année au chiffre
de 1,614. Cette Société a pour but d'aller dans les réduits où se re-
tirent les mendiants, de les exhorter, quand ils sont malades, à se
faire chrétiens. S'ils y consentent, ou leur donne les soins spirituels
et aussi les soins corporels que réclame leur état : puis on les bap-
tise, et ordinairement, il en est peu qui survivent. Nous devons no-
ter aussi, au sujet du nombre des baptêmes d'adultes donné ci-des-
sus, que quatre districts, à cause de la difficulté des communications,
n'avaient pu envoyer à temps le compte rendu de leurs travaux. Le
nombre des chrétiens, dans le vicariat du Sutchuen oriental, s'élève à
environ 38,000. Le personnel comprend 1 évêque, 21 missionnaires
et 34 prêtres indigènes. Les vides causés dans cette mission par la
mort de notre regretté confrère, M. Croisat, et par la perte de plusieurs autres, que leur santé a éloignés des travaux du ministère
apostolique, ont été comblés par le départ de trois nouveaux ouvriers, que rejoindront, dans quelques semaines, un même nombre
de jeunes missionnaires.

Mission du Sutchuen occidental.

A part quelques vexations locales, qui ont surtout atteint la préfec-
ture de *Sin choui*, l'état de la mission, durant l'exercice 1869-1870,
a été assez tranquille et assez prospère. Il n'en a pas été de même

de l'exercice suivant 1870-1871. D'après les lettres qui nous sont venues du Sutchuen occidental, nos confrères ont traversé une année très-mauvaise.

Le printemps a donné une sécheresse désolante; les céréales n'ont pu être plantées à temps, et l'automne a vu tomber des pluies si fortes, que le peu qui était à récolter s'est perdu dans les champs. On était donc menacé d'une affreuse famine, et comme l'équilibre des saisons avait été rompu, de nombreuses maladies devaient naturellement se produire.

Les causes de fermentation et de haine, parmi les païens, que nous avons signalées, en parlant du Sutchuen oriental, ont occasionné aux chrétiens de cette mission les mêmes craintes et les mêmes embarras. Toutefois, malgré ces misères, et malgré les tracasseries que le gouvernement chinois invente tous les jours, les résultats de l'administration, que nous donnons ci-dessous, sont encore fort satisfaisants.

Deux nouveaux missionnaires, partis pour le Sutchuen occidental en 1871, sont allés occuper les places laissées vacantes par la mort de M. Détroyat et l'éloignement de M. Houillon, qui devait, peu après son retour en France, tomber sous les balles des insurgés de la Commune, le 27 mai 1871.

	Exercice 1869-1870.	1870-1871.
Baptêmes d'adultes	352	446
Catéchumènes nouveaux.	339	509
Confessions	»	24,709
Communions.	»	26,776

Les écoles de la mission sont au nombre de 136. Les deux colléges comptent quatre-vingt et quelques élèves. Les deux orphelinats abritent une centaine d'enfants. — Le personnel comprend 1 évêque, 17 missionnaires européens, et 31 prêtres indigènes. 26 pharmacies et 191 médecins ambulants complètent les établissements et le personnel de la mission.

Mission du Sutchuen méridional.

La situation intérieure de cette mission ne s'est point sensiblement modifiée depuis notre dernier compte rendu. Sur plusieurs points du territoire, de fréquentes conversions, l'union qui règne entre les chrétiens, et l'influence progressive du christianisme, ont naturellement excité la jalousie du démon, qui, pour entraver la propagation de la vérité, s'est servi de tous les moyens, et surtout de la calomnie. Pour en donner une idée, nous citerons un fait qui se passait à *Kiun-lin* vers la fin de 1870.

A l'arrivée du nouveau mandarin, homme faible et adonné à l'opium, une bande de lettrés se glisse au prétoire pour y débiter mille faussetés sur le compte des chrétiens. On les dépeint comme des gens audacieux, qui, à force de se multiplier, en viendront bientôt à faire la loi aux autres. En réalité, les lettrés sont vexés de ne pouvoir s'immiscer, autant qu'ils le voudraient, dans les affaires d'autrui, pour tirer ensuite profit de leurs injustices. Mais ils se gardent bien d'avouer ce motif de leur haine. On a donc dénoncé au mandarin crédule, un néophyte nommé *Houang-pao-tchen* comme un homme arrogant et injuste : et on finit par lui persuader qu'une vaste conspiration existait parmi les chrétiens. Le mandarin aussitôt de s'entourer d'une garde prétorienne, et lettrés de former dans l'ombre des comités, où l'on s'entendit sur le meilleur moyen à prendre pour anéantir les chrétiens. Le néophyte, après avoir été rudement battu par un chef de marché, est traîné au prétoire, et accusé d'avoir commis des violences à l'égard d'un individu qui montre au juge une bosse naturelle, comme preuve d'une blessure fraîchement reçue. Le pauvre néophyte est étroitement enchaîné et mis sous la garde d'une soldatesque brutale. Les païens chantaient déjà victoire, et, dans l'ivresse de leur joie féroce, aiguisaient sabres et couteaux pour un prochain massacre. Sur ces entrefaites, le missionnaire du district fit une démarche auprès du mandarin, pour expliquer les faits et réclamer justice. Ce dernier, comme toujours, donna de belles paroles : et le soir même, on avait à déplorer les mauvais traitements que la populace fit subir à deux ou trois chrétiens, parmi lesquels une néophyte même fut assez grièvement blessée. Fort heureusement, la Providence se mêla de l'affaire et la termina d'une façon meilleure que l'on n'aurait pu l'espérer.

Les autorités supérieures, averties à temps, écrivirent probablement au mandarin de *Kiun-lin* et lui tracèrent sa ligne de conduite, si bien que ce personnage reconnut enfin la fausseté des accusations portées contre le néophyte, destitua les chefs du marché, les condamna aux frais du procès, et mit en liberté l'accusé, que naguère il avait enchaîné et maltraité.

La conduite de ce néophyte a été admirable en toute cette affaire. C'est un homme puissant dans le pays, qui s'est converti, depuis quelques mois seulement, et qui a montré une ferveur peu commune pour apprendre la doctrine et la prêcher. Comme il connaît à fond les lettres chinoises, et qu'il est doué d'un esprit vif et pénétrant, il se fait volontiers écouter. Durant sa prison préventive, il ne faisait que prêcher du matin au soir. Joyeux d'être enchaîné pour la religion, il disait souvent qu'il n'avait jamais soupçonné tout le bonheur que l'on pouvait ressentir, quand on était chrétien et persécuté pour le nom de Jésus-Christ. Sa femme, paraît-il, rivalise avec lui de zèle et de courage : pendant la détention de son mari, elle disait tout haut, qu'elle offrait à Dieu de bon cœur la peine de se voir privée de son mari, et que, dût-il mourir, elle s'y résignerait encore.

Cette histoire est l'histoire de tous les jours en Chine. Ces détails montrent, d'une part, à quels dangers sont toujours exposés les pauvres chrétiens, de l'autre, à quelle hauteur de courage et d'héroïsme peuvent s'élever, par la grâce de Dieu, et leur contact avec les vérités de la religion, de pauvres néophytes à peine convertis.

L'année suivante (1871), la mort de Mgr Pichon est venue douloureusement éprouver la mission du Sutchuen méridional. Le pieux prélat, missionnaire en Chine depuis 1845, vicaire apostolique depuis 1861, s'était rendu à l'appel de Pie IX, convoquant les évêques du monde catholique au concile du Vatican. Épuisé depuis quelques années déjà par une dyssenterie chronique, il vit bientôt sa maladie, malgré les soins empressés qu'il reçut, prendre rapidement de grandes proportions et, au mois de mars 1871, il ne restait plus aucun espoir. Après avoir reçu les derniers sacrements, en pleine connaissance, et sollicité la bénédiction du souverain Pontife, Mgr Pichon bénit à son tour ceux qui l'entouraient, ses confrères du séminaire de Paris, ses confrères qui sont en mission et spécialement ses missionnaires du Sutchuen, puis il prononça quelques paroles parmi lesquelles nous citerons celles-ci, d'une humilité admirable et d'une grande foi : *Le bon Dieu ne m'a pas donné de grands talents, mais il « m'a donné un grand amour de la Sainte Église, et un grand dévoue- « ment au Saint-Siège; c'est là ma consolation et mon grand sujet de « confiance à cette heure suprême.* » Peu après, Mgr Pichon tenant en main un cierge bénit par le Pape, au jour de la purification, remit tranquillement son âme entre les mains de Dieu.

Privée, depuis le 12 mars 1871, de son premier pasteur, la mission du Sutchuen méridional vient de recevoir du Saint-Siége un nouvel évêque, dans la personne de M. Lepley, provicaire de Mgr Pichon et qui administrait le vicariat en son absence. Le nouveau vicaire apostolique a été désigné sous le titre d'évêque de Gabala *in partibus*.

Catalogues d'administration du Sutchuen méridional.

	Exercice 1869-1870.	1870-1871.
Baptêmes d'adultes	269	184
Baptêmes d'enfants de païens	24,200	27,162
— — de chrétiens.	473	518
Confirmations.	590	538
Confessions.	16,523	18,710
Communions.	9,430	10,426
Mariages.	112	84
Extrêmes-onctions.	444	239

Le personnel de la mission compte 1 évêque, 13 missionnaires européens, et 5 prêtres indigènes. Le nombre des écoles est d'environ 44.

Mission du Thibet.

Nous recevions, dans le courant de l'année 1870, une lettre fort détaillée, où Mgr Chauveau nous faisait connaître quelle était, en ce moment, la situation des missionnaires du Thibet. Toutes les peines qu'ils avaient prises, pour mener à bonne fin le procès intenté à leurs persécuteurs, venaient d'être perdues; il leur faudra peut-être, sans se décourager, recommencer une nouvelle procédure. Quelque désastreux que soient ces revers, Mgr Chauveau est toujours plein de confiance et cherche à saisir toutes les occasions de fonder de quelque côté des postes fixes sur le territoire thibétain.

Le commerce anglais, de son côté, cherchait à cette époque à se frayer une voie à travers la population thibétaine et à relier, par de faciles communications, les provinces orientales de l'Inde aux contrées situées à l'occident de la Chine. Ces tentatives réussiront, elles? on l'ignore jusqu'ici. Mais, si le succès couronne les entreprises de ce genre, nos confrères, à coup sûr, sauront en profiter.

D'après certains bruits assez répandus, un grand mouvement se préparerait au nord du Thibet, et menacerait, dans un avenir plus ou moins éloigné, le haut Thibet et les provinces limitrophes de Chine, d'une invasion de bandes innombrables de Mongols. Quoiqu'il en soit de ces bruits, le Seigneur saura bien, quand le moment de sa miséricorde sera venu, ouvrir à nos confrères les portes du Thibet.

Une lettre plus récente de Mgr Chauveau annonce que la position n'a point changée. « Depuis un an, écrit Sa Grandeur, on nous « accorde ici la faveur du laissez-faire et du laissez-passer. Les der- « nières lettres des confrères disent que tous les postes sont tran- « quilles : il y aurait même des signes de rapprochement entre les « lamas et nous. Mais, nous attendons toujours l'état de liberté, « qui nous permettra d'entreprendre quelque chose, et qui permettra « surtout au thibétain d'embrasser la religion chrétienne, sans « exposer sa fortune et sa vie. Nous espérons cette liberté de « quelques événements heureux, mais que nous ne pouvons encore « prévoir. »

Le violent tremblement de terre qui, au mois d'avril 1870, détruisit la ville de Pa-Tang, et causa dans la campagne d'innombrables désastres, mérite ici une mention particulière. Dans cette catastrophe, dont les détails circonstanciés ont été publiés par le bulletin des Missions catholiques, nos trois confrères de Pa-Tang ont été merveilleusement protégés, et c'est à peine si l'on compte un mort et deux blessés parmi les chrétiens, tandis que les païens ont été si cruellement frappés, que le tiers de la population paraît avoir été anéanti. On évalue à 3,000 personnnes, le nombre des victimes, parmi lesquelles près de 400 lamas.

A six journées de Pa-Tang, les secousses du tremblement de terre ont été très-violentes aussi. On cite plusieurs villages importants qui ont été complétement détruits. La maison qu'occupent nos confrères : MM. Desgodins et Félix Biet a été épargnée ; mais à Pan-Mou-Tang, pas une habitation n'est restée debout. « Pour le moment, écrit M. Biet, « il est impossible de désigner le nombre des morts ; nous savons « seulement qu'il est fort considérable, surtout dans la direction de « l'est et du nord. »

Toutes ces épreuves qui assaillent la mission du Thibet, dès son berceau, entrent, sans aucun doute, dans les vues de Dieu, de qui nous ne connaissons point les secrets, mais dont nous espérons, plus que jamais, la miséricordieuse assistance.

Mission de Mandchourie.

L'étendue de cette mission, l'éloignement considérable où ses différentes stations se trouvent les unes des autres, créent à nos confrères d'assez nombreux embarras. M. Boyer provicaire, chargé d'administrer le vicariat de Manchourie en l'absence de Mgr Verrolles, nous en donne une idée, dans une lettre datée du 3 janvier 1870 : « En 1866, écrit-il, nous n'étions que six missionnaires valides, « et encore avions-nous grand peine à éviter les pirates, et à faire « sans encombre la visite annuelle de nos chrétientés; car, nos « 8,000 catholiques occupent une étendue de territoire plus grande « que la France. Pour ma part, j'ai dû, à chacune de ces années, en- « tendre plus de 2,000 confessions annuelles et un plus grand nom- « bre encore de confessions répétées; et pour cela, il me fallait faire « une tournée de plus de 200 lieues; néanmoins, nos œuvres n'ont « pas été négligées, le nombre de nos conversions s'est même accru « comme vous pourrez vous en assurer par les chiffres suivants :

	1866	1867	1868
Baptêmes d'adultes.	81	126	82
Catéchumènes	434	330	416

Depuis 1869, la mission compte un nouveau poste, celui de *Ing-tse*, où Mgr Verrolles a pu acheter un terrain, sur lequel ont été bâtis une maison et un oratoire. Ce n'est point sans peine que cet achat a pu être négocié. Autant les mandarins se montrent faciles à l'égard des Anglais, qui demandent des concessions de terrain, autant ils se montrent difficiles à l'égard des missionnaires catholiques. La raison qu'ils en donnent est que : « les missionnaires pleins de charité et « de courtoisie accaparent le peuple. » Le port de *Ing-tse* étant d'une très-grande importance, puisqu'il reçoit chaque année plus de trois cents navires européens, sans compter un nombre plus considérable encore de jonques du Kiang-nan, il faudra prochainement y établir une église et un hôpital.

Outre l'église de *Pa-kia-tse* et celle de *Barberot* où sont réunis cinq cents chrétiens, une troisième a été élevée, pour quatre cents néophytes, à *Niou-tchoang*, dans l'enceinte même de la ville, sur un emplacement que les mandarins ont concédé et qu'ils entourent à leurs frais d'un beau mur. Mentionnons aussi l'église de Saint-Hubert, dont la bénédiction solennelle a eu lieu le 25 juillet 1869. « Le corps de « l'édifice, le clocher, l'ornementation, tout est en briques; la flèche « s'élève à près de cen' ; ieds au-dessus du sol. La croix qui surmonte « cette flèche protége de son ombre la résidence épiscopale; et les « deux cloches, consacrées par l'huile sainte, purgent cette atmos- « phère infectée de paganisme, en même temps qu'elles chantent les « louanges du Dieu qui créa le monde. »

Le missionnaire chargé de la station de *Niou-tchoang* nous envoie quelques détails intéressants sur ses travaux : « J'ai baptisé à *Niou-* « *tchoang*, un vieillard qui avait eu une existence très-tourmentée. « Recueilli mourant par un de nos chrétiens, la charité de son hôte « a procuré sa conversion. En même temps, à *Tchon-kia-houo-tse*, « une jeune païenne demandait aussi le saint baptême, à l'heure de « la mort, et entraînait toute sa famille à la suite du divin maître.

« Le mouvement commence dans le village de *Tchon-kia-houo-tse*, « et il paraît devoir se développer, dans la ville où il y a environ deux « cents chrétiens. On bâtit, par ordre de l'empereur, un mur qui « doit servir à la cour d'enceinte de l'église. Cette construction et « les visites des mandarins produisent le meilleur effet, et font dire « aux païens que la religion catholique pourrait bien n'être pas si « mauvaise, puisque les mandarins ne la persécutent plus, et que « l'empereur lui-même fait rendre aux chrétiens ce que la persécu- « tion leur avait enlevé. »

Mission de Corée.

La Corée est toujours fermée à ses apôtres, qui travaillent sur la frontière et dans quelques chrétientés que leur a cédées provisoirement Mgr Verrolles, en Mandchourie. Là, ils attendent l'occasion favorable de rentrer dans leur chère mission.

Une tentative faite l'été dernier par les Américains, en Corée, n'ayant pas eu de meilleur résultat que l'expédition accomplie précédemment par la marine française, nos confrères sont toujours dans l'expectative. Toutefois, quelques chrétiens coréens se sont rendus à bord des navires américains, croyant y trouver quelqu'un de leurs missionnaires. Conduits à Shang haï, auprès de Mgr Ridel, ils ont pu donner d'utiles nouvelles et de précieux renseignements sur ce qui se passe à l'intérieur. La persécution y sévit toujours par intervalles, et rend de plus en plus critique la situation des pauvres familles chrétiennes. Songer à un retour, à un établissement, même dans le plus grand secret, paraît être chose irréalisable en ce moment. La seule espérance de nos confrères est dans la Providence, qui ne saurait laisser périr une mission si intéressante, et lui ménagera bien certainement, dans un avenir plus ou moins prochain, l'occasion de se relever de ses ruines.

Mission du Japon.

Les lettres publiées depuis quelque temps, sur les événements du Japon, soit par les annales de la Propagation de la Foi, soit par le Bulletin des missions catholiques, ont dû paraître bien sobres de renseignements. La raison de cette réserve était la crainte de compromettre, par des nouvelles, qui, d'une manière ou d'une autre, finissent par retourner au Japon, les chrétiens fidèles avec lesquels nos confrères ont conservé de fréquents rapports.

C'est ainsi que, depuis les malheureux événements de Nagasaki, et le premier enlèvement consommé par les autorités japonaises, d'une foule de familles fidèles, nos confrères avaient pu renouer et entretenir, avec une extrême prudence, les relations d'autrefois. Les autorités même avaient paru se départir de leur première sévérité, et fermer les yeux sur cet état de choses.

Déjà l'on pouvait espérer que l'aurore de jours meilleurs allait se lever pour la malheureuse église du Japon. Divers indices recueillis, soit à Nagasaki, soit dans les lieux mêmes où sont déportés les courageux confesseurs de la foi, confirmaient cette espérance. Malheureusement, vers la fin de décembre 1871, un nouvel enlèvement de 60 chefs de familles chrétiennes eut lieu à Nagasaki. Cet acte, aussi inattendu, aussi inique que le premier, s'accomplissait à l'époque des fêtes de Noël, et presque sous les yeux de Mgr Petitjean.

L'indignation fut grande parmi les résidents européens de Naga-

saki ; et jusqu'à Sang Hai, les journaux protestants se sont faits les in-
terprètes des sentiments de la population européenne pour flétrir
cette indigne conduite. Tous les chrétiens, non encore exilés, atten-
daient naturellement avec anxiété les mesures que peut-être le gouvernement japonais prendrait à leur égard. Nos confrères de leur côté
ne savaient, dans leur impuissance, que recommander à la miséricorde divine le soin de tant d'âmes auxquelles ils se dévouent et que
l'ennemi de tout bien persécute d'une si cruelle façon.

Les choses sont demeurées en cet état jusqu'au mois de février
suivant, époque à laquelle tous les déportés du mois de décembre
furent mis en liberté. « Ce consolant dénouement, écrit Mgr Petitjean,
« doit être évidemment rapporté à Dieu : mais des causes secon-
« daires ont pu le préparer. Dès les premiers jours qui ont suivi
« cette dernière arrestation, l'opinion publique s'est émue ; les jour-
« naux anglais ont flagellé les persécuteurs ; et les représentants de
« toutes les puissances européennes, à l'exception toutefois du mi-
« nistre d'Italie, ont fait des observations au gouvernement japonais.
« Par dessus tout, il y a eu, pour ce gouvernement, la crainte de voir
« échouer son ambassade en Amérique et en Europe. Tout cela réuni
« a pu déterminer la solution, cause de notre joie présente, et dont
« nous ne cessons de rendre grâces à Dieu. Nous osons même espé-
« rer que nos chers déportés de janvier 1870 pourront, eux aussi,
« nous être bientôt rendus. Que Notre-Seigneur nous accorde cette
« nouvelle faveur, et alors nos vœux seront comblés ! »

Le personnel du vicariat compte 1 évêque et 14 missionnaires européens disséminés dans tous les ports ouverts au commerce. Peu à
peu des églises et des écoles s'élèvent dans ces ports, et serviront de
centres de rayonnement pour les missionnaires, lorsqu'il leur sera
permis enfin de pénétrer dans l'intérieur des provinces.

Une perte bien douloureuse pour la mission du Japon, a été la mort
de son provicaire, M. Mounicou, qui s'est endormi dans le Seigneur
le 16 octobre dernier. Aucun éloge ne peut mieux peindre la vie de
ce digne missionnaire que les lignes suivantes, extraites d'une lettre
de M. Marin : « J'ai eu le bonheur de commencer près de lui ma car-
« rière apostolique et je puis dire que comme sainteté sacerdotale,
« il est difficile de rencontrer une plus belle âme. Il semble que sa
« mort, arrivée si subitement, ait été une faveur spéciale de Notre-
« Seigneur, qui a voulu lui accorder, jusqu'à sa dernière heure, la
« force nécessaire pour suivre son règlement, dont il ne s'est jamais

« départi, un seul instant, dans tout le cours de sa vie. Aussi, sa
« mort, nous n'en doutons pas, a été précieuse devant Dieu. Et
« puissions-nous en suivant ses exemples, nous trouver, à notre
« dernier jour, aussi grands en mérites ! »

Collége général de Pulo Pinang.

Notre séminaire de Pinang est toujours dans un état prospère. Il
reçoit et instruit les jeunes élèves que lui envoient celles de nos missions qui n'ont pu encore fonder chez elles tous les établissements
nécessaires pour l'éducation ecclésiastique de leurs sujets. Le nombre de ces missions est moins considérable sans doute qu'autrefois,
parce qu'en beaucoup d'entre elles, la paix relative qui s'est établie,
le personnel des missionnaires qui a été augmenté, leur ont permis
d'instruire chez elles, comme il convenait, les clercs qui se préparent
au sacerdoce. Toutefois, celles de nos missions qui envoient encore
des sujets au collége de Pinang les leur confient en plus grand nombre, de sorte que le chiffre des élèves ne s'est point sensiblement
modifié.

Un autre avantage du séminaire de Pinang est d'offrir aux missions
même qui ont chez elles des séminaires, une école de hautes études,
où leurs sujets, par des cours plus spéciaux et plus multipliés, par
un frottement continuel avec des étudiants de divers pays, par leur
éloignement de tout ce qui peut les distraire de leurs études, complètent aisément et perfectionnent leur éducation littéraire et ecclésiastique.

Le nombre des élèves qui était de 124, au 1ᵉʳ mars 1870, se trouvait être de 132 à la fin de janvier 1871. Mais, depuis cette époque,
jusqu'au 17 janvier 1872, trente-cinq étudiants étant retournés dans
leurs missions respectives, trois étant morts au séminaire, et neuf
seulement ayant été envoyés des missions pour prendre les places de
ceux qui étaient partis, le nombre total des élèves, au 17 janvier dernier, n'était plus que de 103. Cette diminution doit être considérée
comme tout à fait passagère.

En résumé, 140 élèves ont suivi les cours du collége durant l'année 1871. Ces élèves se répartissent entre neuf missions, de la manière suivante :

<pre>
Japon   11
Kouang-Tong.   5
Tong-King méridional   26
Cochinchine septentrionale. . .   29
Cochinchine orientale   29
Cochinchine occidentale   16
Siam   9
Malaisie.   4
Birmanie.   11
</pre>

De ces 140 élèves, 41 ont suivi les cours de théologie, 11 celui de philosophie, 9 celui de rhétorique, et les cinq classes de latin se sont partagé les autres. L'état sanitaire a laissé un peu à désirer pendant l'année 1871, comme nous l'apprend le rapport annuel de MM. les Directeurs du collége : « Nous avons été, presque toute l'année, « éprouvés par beaucoup de fièvres. Avec la chaleur et la sécheresse « qui ont succédé aux pluies continuelles, la santé générale est de- « venue beaucoup meilleure. Nous espérons, avec la grâce de Dieu, « que l'année qui commence sera plus heureuse. Nos pertes en effet « ont été sensibles : outre M. Languereau, qui, par sa longue expé- « rience et toutes ses autres qualités, aurait pu rendre encore les « plus grands services au collége, la mort a frappé trois de nos « élèves : deux Japonnais et un Chinois. »

Dans une lettre, en date du 15 mars 1871, nos confrères du collége de Pinang nous avaient déjà fait part de la mort du regretté M. Languereau. Nous citerons ici un passage de cette lettre, qui résume toute la vie du défunt et les services qu'il a rendus à la société. « Il « n'y a classe ou charge dans la maison où M. Languereau n'ait « laissé des traces de son dévoûment. Aussi, il est inutile de vous « dire, Messieurs, quel vide cette mort a fait au milieu de nous. « M. Languereau était un excellent confrère, un directeur sage et « expérimenté, un professeur solide, un procureur plein de dévoû- « ment. Les élèves le respectaient, et malgré sa fermeté, l'aimaient « comme un père, parce qu'ils savaient qu'ils en étaient aimés... » Les restes mortels de notre cher confrère ont été inhumés le 5 mars 1871, lendemain de sa mort, dans le sanctuaire de la chapelle du collége, du côté de l'évangile, et auprès du cher M. Boyet, qui l'a devancé de quelques années dans la tombe.

Procures.

Les bons services que rendent nos procures ont été, en 1869, 1870 et 1871, plus utiles que jamais, par suite des voyages nombreux des vénérés supérieurs de nos missions se rendant au Concile, ou retournant dans leurs vicariats, et par le passage d'un nombre toujours croissant de nouveaux missionnaires. Leurs travaux étant devenus plus multipliés, nous avons dû augmenter d'un confrère le chiffre de leur personnel, aussi bien pour leur permettre de prendre quelque repos dans leurs fatigues, que pour assurer dans l'avenir le fonctionnement régulier de ces établissements si utiles à la société.

Séminaire de Paris.

Vous savez, Nosseigneurs et Messieurs, de quelle protection notre séminaire a été entouré durant les deux siéges que nous avons eu à subir, et pendant lesquels, ni la maison de Paris, ni celle de Meudon, n'ont été atteintes. Par une nouvelle disposition de la divine Providence, nous avons eu, à la reprise des cours, au mois de septembre 1871, une rentrée aussi nombreuse que dans les années les plus prospères, de telle sorte que le nombre de nos aspirants s'est élevé jusqu'au chiffre de 125 à 130 : charge bien lourde à supporter, quand il s'agit de nourrir, et d'entretenir tout ce monde, malgré l'augmentation considérable du prix des objets nécessaires à la vie. La Providence, qui ne nous a jamais abandonnés jusqu'ici, y pourvoira nous le savons. Aussi, avons-nous pleine confiance en elle, aussi bien sous le rapport des ressources qui nous sont nécessaires, qu'au point de vue des dangers que nous pourrions avoir encore à courir dans notre pauvre France.

A l'époque de notre dernière rentrée, vers le milieu de septembre 1871, a eu lieu l'inauguration de notre nouvelle chapelle, élevée sur le prolongement des bâtiments du séminaire parallèles à la rue de Babylone. L'augmentation toujours croissante du nombre de nos aspirants et l'exiguïté du local qui servait jusqu'ici à notre communauté de lieu de réunion pour les offices, avaient rendu tout à fait nécessaire la construction d'une chapelle provisoire, qui nous permit d'attendre la restitution de notre église. Ce projet a été exécuté dans des conditions qui sont loin d'être onéreuses pour nous. Il nous a suffi d'avancer la somme nécessaire à cette bâtisse, et nous sommes assurés de la recouvrer intégralement, par les annuités successives auxquelles la ville de Paris a consenti, en augmentant le loyer qu'elle nous donne pour notre église. Cette combinaison nous a permis de rendre à sa véritable destination notre bibliothèque, dont l'usage, vous le savez, nous était devenu fort difficile, et de donner à nos cérémonies, et à la célébration de messes nombreuses, un espace convenable et un local décent.

Nous ne terminerons pas, Nosseigneurs et Messieurs, ce qui concerne la chronique de notre séminaire de Paris, sans vous faire partager la joie que nous a causée la célébration des noces d'or de notre cher confrère, M. Voisin. Le 31 mars dernier, jour même de la fête de Pâques, était précisément le cinquantième anniversaire de son ordination sacerdotale. À la solennité ordinaire de l'Église en ce jour, est donc venu se joindre tout l'appareil d'une fête de famille. Notre émotion a été bien douce, en assistant à l'autel celui que le Seigneur favorisait d'un tel privilége, et qui, par l'oblation du saint sacrifice, lui rendait grâces d'une faveur si rare. Et quand aux prières ont succédé les félicitations, les compliments et les chants, témoignages bien légitimes de l'expansion de tant de cœurs heureux, la fête fut complète, et le souvenir en demeurera longtemps parmi ceux qui ont eu le bonheur d'y prendre part.

Une semaine s'était à peine écoulée, depuis cette fête, que nous avions la douleur d'apprendre la mort de notre cher confrère, M. Libois, décédé le 6 avril dernier, à la procure de Rome.

Tous, vous connaissez, Nosseigneurs et Messieurs, ses travaux, son expérience, le zèle qu'il a toujours montré pour les intérêts de la Société, et, par dessus tout, cette régularité de séminariste qu'il conserva dans ses exercices de piété et son travail, jusqu'à sa dernière maladie. Un mot de l'un de ses confrères du diocèse de Séez résume toute sa vie : : « Pieux, modeste, plein de zèle et de prudence, M. Libois « n'a fait de bruit nulle part, mais il a fait beaucoup de bien, partout « où la divine Providence l'a placé. »

Nous ajoutons, suivant l'usage, au compte rendu qui précède, la liste des nouveaux missionnaires envoyés, depuis notre dernier rapport, dans les différentes missions.

Sont partis le 18 janvier 1870.

LEMARÉCHAL	Jean-Marie-Louis	de Rennes	p^r le Japon.
SOUCHIÈRES	Joseph-Roch-Phil.-Aug.	Avignon	Kouang-si.
MOREAU	Louis	Bourges	Sutchuen méridion.
BAREILLE	Jean	Bayonne	Tong-king occid.
FIOT	Nicolas-Abel	Langres	Tong-king occid.
THORAL	Jean-Louis	Lyon	Tong-king occid.
MOUTOT	Antoine	Le Puy	Sutchuen mérid.

Sont partis le 15 février 1870.

MARTIN	François	de Besançon	Camboge.
GENOUD	Marie-Joseph-François	Annecy	Kouang-tong
LERAY	Jean-François	Nantes	Camboge.
GROSGEORGE	Jean-Baptiste	Saint-Dié	Camboge.
GRIMAUD	Avit-Adolphe-Aimé	Gap	Kouang-tong.
AULAGNE	Philippe-Joseph	Le Puy	Mandchourie.

Sont partis le 15 mars 1870.

GARCIN	Charles-Edouard	de Saint-Dié	Mayssour.
POUZOL	Pierre-Georges-Antoine	Le Puy	Pondichéry.
FIRMINHAC	Emile-Crépin-Auguste	Rodez	Pondichéry.
DURY	Léon-Ernest	Poitiers	Pondichéry.
PEYRAMALLE	Jacques-Denis	Tarbes	Coïmbatour.

Sont partis le 6 juillet 1870.

DUQUESNAY	Jean-Baptiste-Denis	de Coutances	Cochinchine occid.
MOULINS	Pierre-Henri	Toulouse	Cochinchine occid.
LEFEBVRE	Modeste-Alexandre	Arras	Cochinchine occid.
ABONNEL	Jean-Guillaume	Gap	Cochinchine occid.
HUGON	Jean-François	Angoulême	Cochinchine orient.
MARTINET	Jean-Baptiste	Verdun	Proc. de Syncapore.
HIRBEC	Jacques-Alexis	Coutances	Cochinchine occid.
GEFFROY	François-Marie	Saint-Brieuc	Cochinchine orient.
DERVAL	François-Constant	Rennes	Cochinchine occid.

Sont partis le 20 juillet 1870

LE ROUVREUR	Jean-Louis	de Coutances	Birmanie.
GALMEL	Ludovic-Jules	Coutances	Malaisie.
RAESS	André-Bernard-Aimé	Strasbourg	Pondichéry.
GODARD	Louis	Langres	Tong-king occid.
TEYSSÉDRE	Pierre	Rodez	Pondichéry.
MARIE	Félix-Aimé	Bayeux	Tong-king mérid.
VILLIEN	Charles-Antoine	Moutiers	Coïmbatour.
BEYSSAC	Jean-Baptiste	Le Puy	Tong-king mérid.
NEVEU	Félix-François	Angers	Mayssour.

Sont partis le 3 août 1870.

PINABEL.	Pierre-Charles-Louis.	e Coutances.	Tong-king occid.
DEVULDER.	Alfred-Aimé-Fortuné.	Cambrai.	Cochinchine occid.
MIDON.	Félix-Nicolas-Joseph	Nancy.	Japon.
DÉSOLMES.	Félix-Bonnet	Lyon.	Cochinchine orien.
RAVIER.	Marcel-Henri	Langres.	Tong-king occid.
PIAULT	Jean.	Bourges.	Cochinchine occid.
RAIMBAUD.	Henri-Joseph-Lucien	Luçon.	Cochinchine occid.
RENAULT	Paulin.	Reims.	Kouang-si.
BRUYÈRE	Jean-Pierre	Le Puy	Tong-king occid.
HERMABESSIÈRE.	Jean-Baptiste	Mende.	Tong-king mérid.
PANDRAUD.	François.	Le Puy	Tong-king occid.
GINESTON.	Alfred-François	Rodez.	Tong-king occid.

Sont partis le 16 août 1871.

THIEULANT	Léon-Marie.	de Rennes	Kouy-tchéou.
MAILLUCHET.	Césaire-Léon	Besançon	Kouy-tchéou.
DUPUIS.	Jules.	Verdun	Sutchuen occid.
LORAIN	Jules-Victor.	Langres.	Sutchuen orient.
BILLOUEZ	Auguste-César.	Tournay.	Kouy-tchéou.
VIGNERON.	Charles-Athanase-Lucien	Nancy.	Sutchuen orient.
CARREAU	James.	Autun.	Sutchuen mérid.
TAILHAN.	Jean-Romain	Bayonne.	Sutchuen mérid.

Sont partis le 30 août 1871.

JEANNIN.	Marie-Auguste	de Strasbourg	Collége de Pinang.
QUENTRIC.	Yves-Marie	Quimper.	Siam.
GATIN.	Adolph-Aug.-Nicolas	Langres.	Sutchuen occid.

Est parti le 14 janvier 1872.

ROGIE.	Léon-Marcelin.	de Cambrai.	Sutchuen oriental.

Sont partis le 31 janvier 1872.

BRILLET.	Martin-Henri	de Nantes.	Cochinchine sept.
BERTHO.	Jean-Marie.	Nantes.	Pondichéry.
CHAUMET	Benjamin-Marie.	Luçon.	Siam.
LETORT.	Aristide.	Rennes	Mandchourie.
BIOLLEY.	Constantin.	Moutiers.	Coïmbatour.
TURLIN	Adolphe.	Besançon	Camboge.
VISSAC.	Jacques-Maurice.	Le Puy.	Mayssour.
COLOMBET.	Emile-Auguste.	Gap.	Siam.
PETIT.	Louis-Constant	Besançon	Birmanie.

Est parti le 22 mai 1872.

ARRIVET	Jean-Louis-Xavier-Jos.	de Bordeaux	Coïmbatour.

Sont partis le 5 juin 1872.

GUILLERMARD	Joseph-Gabriel	de Grenoble	Birmanie.
MIOUX	Emile-Alphonse	Grenoble	Kouang-tong.
BRIAND	Emile-Marie	Rennes	Cochinchine occid.
GUILLAUME	Charles-Alphonse	Nancy	Kouang-tong.
PÉLU	Albert-Charles-Arsène	Le Mans	Japon.

Sont partis le 19 juin 1872.

CONRARDY	Lambert-L.-Dieudonné	de Liége	Pondichéry.
PERROT	Pierre-Alphonse	Besançon	Cochinchine orient.
COLSON	Nicolas-Emile	Nancy	Cochinchine occid.
GERBIER	André-Théodore	Le Puy	Mayssour.
MISNER	Alphonse	Strasbourg	Camboge.
SUGNEAUX	Jean	Lausanne	Pondichéry.
VIALLETON	Jules	Le Puy	Cochinchine orient.
BAYOL	François	Montauban	Pondichéry.
FAVIER	Jean-Marie	Le Puy	Cochinchine occid.
DAUMOND	Antoine-Romuald	Montpellier	Camboge.

Partiront le 3 juillet 1872.

GINDREAU	Louis-Marie-Jérôme	de Luçon	Collége de Pinang.
JUNG	Sébastien-Ignace	Nancy	Siam.
POLLY	Marie-André-Emile	Viviers	Japon.
RAGUIT	Louis-Hippol.-Aristide	Poitiers	Mandchourie.
KRÉMER	André	Metz	Siam.
HÉBERT	Astère-Toussaint-Alex.	Seez	Tong-king occid.
DÉLOUETTE	Elisée-Ferdinand	Reims	Malaisie.
CHANSON	Charles-Alfred	Langres	Tong-king occid.

Partiront le 17 juillet 1872.

PODECHARD	Simon	de Dijon	Sutchuen orient.
PONS	Joseph	Lyon	Sutchuen orient.
BERTHON	Jean-Baptiste-Ernest	Poitiers	Kouy-tchéou.
LANGLAIS	Edouard	Le Mans	Sutchuen orient.
MICHEL	Pierre-Paul	Gap	Kouy-tchéou.
BOISSEAU	Auguste-Arthur	Laval	Sutchuen mérid.
BERAUD	Jean-François	Gap	Sutchuen mérid.
RONAT	Jean-Baptiste	Le Puy	Kouy-tchéou.
SABY	Jean-Marie	Le Puy	Kouy-tchéou.

En terminant ce rapport général sur les travaux de notre chère société, permettez-nous, Nosseigneurs et Messieurs, de nous recommander à vos prières et à vos saints sacrifices, et daignez agréer l'expression des sentiments respectueux avec lesquels nous avons l'honneur d'être,

Nosseigneurs et Messieurs,
Vos très-humbles et très-obéissants serviteurs,

Pour les Directeurs du Séminaire,

LE SECRÉTAIRE.

PARIS. — IMP. VICTOR GOUPY, RUE GARANCIÈRE, 5

Contraste insuffisant

NF Z 43-120-14